# 親鸞思想の原点

目覚めの原理としての回向

本多弘之

法藏館

# はじめに

二十一世紀の初めから、世界の思想状況は敵対的な様相を深め、科学の飛躍的な発展が日常使用の利器をそのまま恐ろしい科学兵器とする九・一一の殺戮《さつりく》に繋がった。また人口の都市への遍在とそれに伴う都市空間を支えるエネルギー資源の枯渇、食糧供給の偏りと資源乱獲からくる絶対量の不足、二酸化炭素の排出による地球温暖化現象といった、どれを取り上げても一刻の猶予も許されないような状況が私たちを取り巻いている。このような事態を変革するためには、いまこそ、私たち一人ひとりのものの考え方を、根本的に見直すことが必要なのではないだろうか。

親鸞聖人没後七五〇年をまもなく迎える現在、その思想の原点を押さえ直すことが、困難な時代を乗り越えて未来への展望を開けるために極めて大切なことと思われる。それはとりもなおさず、私たちの思考の原点を洗い直すことである。人間を万物から抜きんでた勝れた存在であると考え、自然を思うがままに征服できるとする思いあがりが、現代の地球環境を破壊的な方向に向かわせているのではないか。その自己そのものを問い直して、共に、この限りある地球を大切にするような考え方を構築していかなければなるまい。

親鸞の思想的な特徴を一言で言うなら、「悪人正機」であるといわれよう。これは人間存在の有限性、つまり愚かであり罪であるということ、思うままにならないさまざまな限定を受けてもがくもの、そして衆生として共に生きながら相手を傷つけ踏みつけてしか生きられない悲しい存在であることの自覚が、親鸞の思想の特徴であるということであると思う。そのことはもちろん言うまでもないことなのであるが、そういう愚かな人間に本当の仏教の救いが与えられることを、親鸞が生涯をかけて明らかにしたということを、もっと大切にしようというのが、本書の目的である。

浄土教の救済の根拠は、大悲の本願が衆生を救うという構造で教えられているのであるが、大悲の救済の意欲が具体的に私たちに接してくる「はたらき」を、親鸞は本願力の「回向」であるという。「回向」とは普通は、人間が何ものか（仏・仏法・衆生など）に向かって、自己の積む功徳を振り向けることを表すのであるが、そういう願いとはたらきが、大悲なる「阿弥陀如来」の救いとして、衆生にもたらされることを「他力回向」という言葉で確認したのが、親鸞の救済思想の中核であるということである。

聞法の会座でお話をしていると、天親、曇鸞の教えを縁として徹底的に「回向」による凡夫の救済を解き明かそうとする親鸞の情念が、いまに現に感じられて、この点に話の力点がかかっているらしく、お聞きいただいている方々のなかから、「回向」そのものについて、もっと話をしてほしいと請われて、「回向」をテーマにお話をさせていただいたものが、ここにまとめられることになった。

親鸞思想の拠点ともいうべき「回向」を論ずるのであるから、どうしても問題が仏教の中心の「救済構造」に集約していくので、真宗の聞法に馴染んでいない方にとっては、初めは取りつきにくいかもしれない。しかし、筆者としてはできるだけ専門用語や仏教用語の羅列になることを避けようと努力しているのである。思想の伝承が、仏教、浄土教、真宗と重なっており、筆者がいただいた真宗の近代教学の思考課題にも関わってくることであるから、思索がともすれば自内証的（自分が自分に頷くような方向）になるかもしれない。しかしそれは、あらゆる人間の困難な条件や状況をも超えて、親鸞の思想の普遍的なはたらきが、現代の私たちにも判然と了解できるものであることを示しているのである。自己が救済されるということがあって、同じ時代の人びともそれを栄養としうるというものであろう。自分が本当に理解し信頼できてこそ、人にも信ぜしめる縁となりうる。だから「自信教人信」ということの事実は、「自信」が「教人信」の展開となるということ以外にない、と信ずるのである。

# 親鸞思想の原点——目覚めの原理としての回向＊目次

目次

## 第二章　回向の信心――「広大無碍の一心」と「大悲往還の回向」　97

# 親鸞思想の原点

## ——目覚めの原理としての回向

# 第一章　荘厳と回向

## 親鸞教学の柱としての回向
### ――親鸞独自の見方――

親鸞聖人（以下敬称略、一一七三―一二六二）の教えの中心である「回向」ということについて、少し自分自身の課題として明らかにしてみたいと思います。

回向は親鸞教学の柱であり、親鸞の教学の一番大事な課題でもあるわけですが、親鸞が回向ということを、なぜあれほどまでに考えていかれたのかということについては、よくわかっていないところがあり、本当の意味で頷《うなず》けていないというところが私にもあります。その点を、「正信偈」の天親《てんじん》菩薩（世親、四〇〇頃―四八〇頃）、曇鸞《どんらん》大師（四七六―五四二頃）のお二人の段を中心に考えていきたいと思っています。

天親には『浄土論』、曇鸞には『浄土論註』という重要な著作がありますが、親鸞が取り上げられたのは、天親の『浄土論』の「五念門」（礼拝《らいはい》、讃嘆《さんだん》、作願《さがん》、観察《かんざつ》、回向《えこう》）と「五功徳門」（近門《ごんもん》、大会《だいえ》衆門《しゅもん》、宅門《たくもん》、屋門《おくもん》、園林遊戯地門《おんりんゆげじもん》）という因果の対応です。五念門に対して五功徳門といわれる。五念の因に対して五功徳。功徳ですから行の果です。行じたことによって、その行者に与えられる功徳、それが五つの門に対する五つの功徳ということで、五念、五功徳という対応になっているわけですが、親鸞はその五功徳門を「正信偈」で取り上げておられます。

曇鸞は、五念門のなかの第五番の「回向門」と、五功徳門の最後の「園林遊戯地門」について展開しています。浄土の利益ということは、阿弥陀如来を見たてまつり、阿弥陀如来の力をいただくということですが、その阿弥陀如来の力をいただいたことによって、阿弥陀の浄土に生まれて、阿弥陀にふれたということは、その存在が阿弥陀如来と離れることがない。つまり、阿弥陀如来の力をいただいて仕事ができるという、そういう展開になっています。

その第五功徳門を、天親の章は「遊煩悩林現神通《ゆうぼんのうりんげんじんずう》」（『教行信証』「行巻」聖典二〇六頁）という言葉でまとめ上げておられます。回向門の果として第五功徳門といわれるわけですが、五念門のうち初めの四門は、自利の功徳というふうに天親が押さえます。自利の功徳、つまり、自分自身が仏に成るための行というかたちで五念門の前四念門が語られる。礼拝、讃嘆、作願、観察という行は自利の行だと。その自利の行を潜《くぐ》ると、第五の回向門は利他の行だということになります。

自分が仏に向かって修行していくということの四番目が観察門であり、浄土を観察するという。そういう前四門を潜ると、今度は、いま観察してみた阿弥陀の功徳を自分一人のものにするのではなくて、その功徳を衆生に開こう、だから、衆生と共に安楽国に往生しよう、こういう内容が、第五回向門で語られている。つまり、自利の行、自分が仏に成っていくというかたちで行を積んでいくと、結果として、その功徳を衆生に開いていこうというふうに、おのずから展開する。そういうふうに、第五回向門ということが語られています。

それに対して、五つの功徳のほうは五功徳門として近門、大会衆門、宅門、屋門、園林遊戯地門といわれます。自利の功徳の内容である「入《にゅう》の四門」というものが、屋門に至るまで、あたかもだんだんと家の中に入っていく、安心して自分の家の中に入っていくように展開していく。ところが、家の屋敷の一番奥の部屋に入ると、そこで休憩してしまうのではなくて、入り終わったと同時に園林遊戯地、つまり、「煩悩の林に遊んで神通を現ずる」と天親菩薩がおっしゃるような、遊ぶが如くに菩薩道を衆生のために行ずるという。そういう果が、第五功徳門としていわれている。その第五回向門と第五功徳門である園林遊戯地門の因果を、「回向門」と「園林遊戯地」と天親が名づけているわけです。

曇鸞は、その因果を回向という言葉の註釈にもってきたのです。さらに曇鸞は「回向に二種の相あり」（『論註』、『教行信証』「行巻」聖典一七〇頁）と。回向の因果というよりも回向に二種の相があるとおっしゃいます。そして「一つには往相、二つには還相なり」（同頁）とあらわされた。こういうふうに、天親のおっしゃる意味を、曇鸞は回向の二つの相（すがた）であると押さえ直して、「往相の回向」と「還相の回向」と註釈された。親鸞は、天親の『浄土論』と曇鸞の註釈とをご覧になって、この全体が衆生を救うという課題であると受け止められた。自利利他というけれども、これは実は、阿弥陀如来が衆生を救おうとする因果、つまり、法蔵菩薩の願行というものを、天親菩薩が五念門、五功徳門という因果で語り直してくださったのだとご覧になったのです。これは、親鸞の独特の見方です。浄土宗ではそうは見ない。浄土宗の教学では、やはり五念門、五功徳門というのは行者が自分で行うのだと。自分で行って、浄土に生まれたならば阿弥陀如来に出遇うのだというふうに、五念、五功徳は、自分で行ずるというふうに考えます。その五念、五功徳という内容が、南無阿弥陀仏の内容と共に修行者が行ずる心根といいますか、そういう意味をもつと考えるわけでしょう。

## 念仏一つでたすかる

親鸞は本願を信ずるという教えに帰することと、自力の行で自利利他の行を行じて人間が完成していくという発想、これは自力聖道門の常識といってもいい発想ですけれども、その発想がいつの間にか混《ま》ざってしまっていると見ている。自分で修行してはたすからないから、阿弥陀如来の教えに帰して念仏する、「念仏一つでたすかる」と、法然の教えを聞いているにもかかわらず、また、やはり自分で修行するということも捨てずに念仏をする。もっともこれは、日本浄土教以外の、中国や朝鮮に伝わっている仏教では常識なのです。「禅浄一致」といって、坐禅することと、浄土の教えを信ずることが分かれていない。禅の修行と浄土の救いとが重なっている。念仏しながら坐禅する、坐禅しながら念仏するという考え方、日本にもそういう考え方の行者もおられます。

例えば、念仏禅を提唱した鈴木正三《しょうさん》（一五七九—一六五五）という江戸の初めの禅者は、坐禅だけでは勝れた条件が与えられた人だけが仏教の利益にあずかるが、一般の者はなかなかそのような修行をすることができない、といっています。鈴木正三は、もともとは武士で、徳川家康（一五四三—一六一六）について戦場を駆け巡っていた。武士としてかなりの功績もあげたし、武勇の誉れが高かった。けれども自分は、仏教の悟りがほしいという要求の強い人で、家督を息子に譲ってさっさと出家した。そして、禅の修行をしたわけですが、自分は禅の修行をしたのだけれども、衆生、民衆にとっては、念仏というものが大事だということで、念仏を取り入れて布教したのです。その鈴木正三を、鈴木大拙が取り上げて、念仏を捨てないで禅の悟りの内容を衆生に与えたいと願った人が日本にもおられたということで、『鈴木正三全集』を編集しておられます。

そういうわけで、禅と念仏が重なるという考え方もあるわけです。けれども、法然の教えは、基本的には比叡の山を去って、念仏一つでよいと。つまり、浄土宗独立ということを打ち出したわけです。禅浄一致、修行と念仏が一致するという考え方、これはある意味でオーソドックスといいますか、聖道門仏教と矛盾しないで、念仏の教えも使うというものです。これならば、天台大師（智顗《ちぎ》、五三八—五九七）や中国の唐・宋の行者たちもそういう考え方ですし、比叡の山で行者として念仏している人たちは、みんなそういう考え方ですから何の矛盾もない。

けれども、法然はそういう道ではなくて、もう他の行は要《い》らない。念仏一つでたすかるのだ、念仏一つでいい。愚かな凡夫にとっては、浄土の救い一つでいいのだとおっしゃる。この世で修行して悟りを開くということは要らないという見極めをされて、「浄土宗独立」ということをおっしゃったわけです。だから弾圧された。別にそういうことをいわないで、念仏も禅もありがたいと、念仏も修行もありがたいといっておれば、何も問題はないわけです。ところが、法然にとっては、修行してたすかるという道は自分には合わない。自分はその道でさんざん苦しんだ。むしろ、両股をかけているということは救われないということだと。だから修行は捨てる。念仏一つでいい、菩提心すら要らないとおっしゃったわけです。

念仏一つでいいということ、行として、行は念仏一つでいいという決断をはっきりさせたのは、法然です。ところが親鸞は、そこに、やはり深い溝というか、それだけでは自分は納得できないという問題がおありであったから、そう簡単には法然のもとに行かなかったのです。

## 法然に出遇うまでの親鸞の修行
### ——比叡山での上下関係——

親鸞というお方は、いまでは非常に有名な方ですけれども、人生の生きざまについては、ほとんど記録がありません。親鸞が、どういう人生を送っておられたのかということについては、わからないことだらけです。だいたいどういう家の流れを汲《く》んでいたのかということも、本当はよくわからないところがあります。『御伝鈔』には、藤原家の流れを汲む京都の日野家の出身で、学問を旨とするような筋の方であったのだろうということがいわれていて、いまではそれを疑うことはほとんどなくなっています。そして、平安末期の貴族同士の権力争いに破れて、一族すべてが出家するという目に遭っています。

つまり、出家しなければ全部殺される。世俗のなかで喧嘩をして負けたら、出家する道しかなかったのです。まさに、殺されるか出家するかです。出家すれば、一応お目こぼしがある。要するに、世俗の道を捨てた、世俗の権力争いに負けたといって、白旗をあげるのが出家です。頭を丸めて、もう世俗には還らないというかたちをとれば、命はたすけてくれる。そして、お寺に入れば、お寺には貴族からの寄進があって、一応は食べていけるわけです。そういうわけで、出家するという道しかなかった。それで、一族郎党、出家したということです。親鸞は幼い頃、人生の出発点に当たって、家族の離散と一族の没落という憂き目に遭い、惨憺《さんたん》たる悲しみのなかで育ったといわれています。もちろん親とも別れ、そして出家されたのではないかと思います。それが九歳のときであったと伝説的にいわれるわけですが、そのことも本当はよくわからない。

出家してから二十九歳で六角堂というところに籠《こも》られたということが、『恵信尼消息』に次のように書かれています。「山《やま》を出《い》でて、六角堂《かくどう》に百日こもらせ給いて、後世《ごせ》を祈《いの》らせ給いけるに、九十五日のあか月、聖徳太子《しょうとくたいし》の文《もん》をむすびて、示現《じげん》にあずからせ給いて候いければ」（聖典六一六頁）と。だから、覚如《かくにょ》（一二七〇―一三五一）が『御伝鈔』のなかで、比叡の山を下りて六角堂に参籠したと書いておられます（聖典七二四―七二五頁参照）が、おそらくこの『恵信尼消息』を根拠にしたわけでしょう。この六角堂は、聖徳太子（五七四―六二二）が観音菩薩の化身《けしん》として、この日本に誕生したという、いわゆる「本地垂迹説《ほんじすいじゃくせつ》」といいますか、そのように信じられていた聖徳太子のお堂で、古くは斑鳩《いかるが》（奈良）にありましたが、京都に町ができてからは、京都に六角堂というものがつくられ、祀《まつ》られていました。

二〇〇七年四月に「親鸞仏教センターのつどい」で、文芸評論家の吉本隆明さんにご講演をいただきました。その講演では吉本さんは、「親鸞さんは、法隆寺の六角堂に参籠した」というふうにおっしゃっておられました。吉本さんは、どこからそういうふうに考えられたのかわかりませんけれど、聖徳太子が祀られている法隆寺は、確かに聖徳太子ゆかりのお寺で、そこに六角堂（夢殿）があります。『恵信尼消息』には「六角堂」とだけ書かれていて、どこの六角堂とは書いていないのですから、法隆寺の六角堂という説も、また、それを否定する根拠もないのです。しかし普通、常識的には、比叡の山を下りて、京都にある六角堂に参籠したのだろうと考えられます。ただ、どこの六角堂だとは書かれていないので、間違いかどうかということは、決められません。だから、吉本さんのお考えも間違いだとはいえないと思うのですけれども。

とにかく、聖徳太子が祀られているお堂に百日参籠し、願掛けをしたと。そのことは、恵信尼《えしんに》（一一八二―一二六八頃）が親鸞から聞いている。親鸞ご自身が恵信尼に、自分の若き頃の回心の前後を語っているわけです。けれども、それまでの二十年間、どういう生活をしたかということはほとんどわからない。ただ、その『恵信尼消息』で、恵信尼が自分の娘・覚信尼《かくしんに》（一二二四―一二八三）に書いていることのなかに、「殿の比叡《ひえ》の山《やま》に堂僧《どうそう》つとめておわしましけるが」（聖典六一八頁）と、「たうそう（堂僧）」と表記されている。この堂僧というのが、またわからない。どのくらいの期間、堂僧をつとめたのか。堂僧とは、どういう生活内容であったのか、これが、ほとんど記録がない。ですから、親鸞については、下級の落ちぶれた貴族といいますか、隆々たる勢力をもった貴族の一族から出家したのではないから、たぶん下層僧侶だったのではないかと思われます。そして、本当は平等であるべき僧侶の生活のなかにも上下関係が非常に厳しくありまして、比叡の山では、立派な家筋でなければ学問僧にはなれないわけです。

「学僧《がくそう》」と「堂衆《どうしゅう》」という区別があり、修行して学問をしてという出家者でありながら、やはり、出家者には出家者の階層があって、その階層のなかで出世していく。変な話で、本来は、世を捨てて修行をするはずなのですけれど、そういう新しい階層階級ができていて、世間の権力争いの出世コース（これは世の中にいつでもあることですけれども）が出家した宗教界のなかに、また、現れる。これは、人間は生きていますから、たとえ、もとの本来の願いが何であろうと、人間が集まって生活を始めると、人間の野望、欲望が当然、こうしたかたちを生み出してくるということでしょうか。そういうわけで、出世間であるべき比叡の山のなかに、そういう階層ができてきて、この階層がどういう構造をもってどういう内容であったのかということを、私はよくは知りませんけれども、大きくは「学僧」と「堂衆」とがあったということでしょう。

『歎異抄』には「南都《なんと》北嶺《ほくれい》にも、ゆゆしき学生《がくしょう》たちおおく座せられてそうろうなれば」（聖典六二六頁）という言葉がありますが。「学生《がくしょう》」というのは、学問をするという地位を与えられて、ひたすら学問をすればよいというのです。学問をすればよいということは、ある意味で、しなければならないという義務が生じますから、大変なわけですけれど、ともかく学問をするという立場が与えられるのは、世間でもそれなりのよい立場でなかったら、どうもそういう地位は与えられなかったらしいのです。そうでない場合は、「堂衆」といって、出家はしていても、その学僧たちを支える、生活のための肉体労働を行う人になります。比叡の山は出家者の集合体ですから、生活するための寄進を受ければ、その生活物資は、下から運び上げなければならない。水は、かなり上まで出たのでしょうけれど、食べ物の一切は、山の下から担《かつ》ぎ上げるわけですから、担ぐ仕事、風呂を焚いたり、薪《たきぎ》を集めたり、そういう生活をするための労働は、全部修行僧がやるわけです。その修行僧のうちの学僧はやらないでいい、堂衆がやる、というふうになっていたわけでしょう。親鸞という人は、その堂衆であったのだと考えられてきました。

ところが、いまでは『恵信尼文書（恵信尼消息）』といわれていますが、一九二一（大正十）年、西本願寺境内の蔵の中から発見された手紙があります。その手紙のなかに、「たうそう」という言葉があって、「たうそう」とは何であろうかということで、近代に至って、初めて親鸞という人の比叡山での生活に、新しい視点が出てきたのです。

それまでは、親鸞は能力はあったけれど、肉体労働をやっていたので学問などはできなかったと見られていました。それで、法然のところに入門してから、本格的な仏教の学問を始めたのだと。そう考えると、二十九歳から勉強を始めて、『教行信証』を書くような内容を身に付けたということは、これはすごい人だ。そういう親鸞像であったわけです。どう考えてもすごい人には違いないのですけれども、それまで肉体労働をしていて勉強をしていなかったのに、法然のもとに行ってから、こういう能力を開花させたというのは、ちょっと普通では考えられない。二十九歳から勉強を始めて、文字を書き、文章を読み、それを編集し、思想を練り上げるなど、はたしてそういう人は世の中にいるだろうか。

親鸞は恵まれない人生を歩んできたから、だから、念仏で一切衆生が平等にたすかるという教えを開いてくださったのだと、肉体労働者として生きていた青年期があったから、関東に行っても、鳥を捕り、ししを獲るような生活者たちと一緒に生活できたのだという、そういう親鸞像というものが、一つありうるわけです。そして、法然のもとに入ってから、大変、力を発揮するようになられたのだと見る親鸞像がありました。

それに対して、親鸞は堂僧であったとする見方が生まれました。実際は、堂僧という言葉はほとんど仏教の文献に出てきません。歴史学者が一生懸命に調べた結果、比叡の山には、堂僧という地位があったらしいということを見つけ出してきました。比叡の山には「常行三昧堂」というお堂があって、天台の修行の一つの道場となっていた。天台の修行は、「四種三昧」といい、四つの行が中心に立てられるわけです。常行三昧、常坐三昧、半行半坐三昧、非行非坐三昧の四つが立てられる。そのうち

「常行三昧」というのは一番初めの位《くらい》、初めの修行者が行う位で、行堂《ぎょうどう》（仏像の周りを歩き続ける）のことです。そういう修行をするお堂があり、そこの世話役をするような立場が堂僧だったのではないか、ということが近年いわれてきました。つまり親鸞は、単に肉体労働だけをするような立場ではなく、修行道場を支える指導者であったのだと、こういう見方が新しく出てきました。それもいつ頃からそうであったのか、それがどれほど力のある立場だったのか。そして、そういう立場なら、どういう勉強ができたのかということについては、皆目わかりません。

そして、流罪になりますが、流罪地での生活がどういう生活であったのか。関東に行かれてから、関東で『教行信証』を作り上げられたというのですが、そのときに、どういう生活をしておられたのか。京都に帰って来られるについても、京都に帰ってから、いったいどこで、どういうかたちで生活を成り立たせておられたのか。そういうことは、ほとんどわかりません。そういう意味で、親鸞という方は不思議な方で、よくわからないことが多いのです。

ともかく、私が思うには、親鸞は学問を大事にする家筋に生まれ、文字は子どもの頃から書いていたはずです。親鸞が書かれた文字は、大人になってから書き始めた文字ではない。身に付いた、子どもの頃から書いてきた人の文字です。独特な力のある系統は、宋の時代の筆遣いだというふうに、専門家からいわれています。

ちょうど平安末から鎌倉期の頃に、宋の文化が入ってきている。ですから、親鸞が宋の文化の流れを受けて、文字を習ったということも、当然考えられます。そして、そういう文字に始まって、比叡山に入ってから漢文を読んでさらに養ったということもあるでしょうが、あの格調の高い漢文の力というものは、子どもの頃から叩き込まれた素養というものがあったからだろうと私は思うのです。そして、相当の専門的な思想、浄土の思想、念仏の思想というものも学んだうえで、法然のもとに入門していると思われます。

いま、なぜそういう話になったのかといえば、親鸞が『浄土論』『浄土論註』を独自の眼で読むことをなさったのは、決して法然のもとに行ってから始めた学びではないと思うからです。

常行三昧堂の堂僧というのは、阿弥陀如来を本尊として、その周りを回る行ですから、非常に浄土教と関わりが深い。常行三昧堂は横川《よかわ》にあったといわれています。横川は、恵心僧都源信（九四二―一〇一七）の開かれた道場ですから、浄土教との関わりが深い場所です。そこで、恵心流といわれる源信の流れを汲む勉強をしていれば、特に、浄土教に関心があるならば、源信の『往生要集』は当然読むでしょう。そうすると、『往生要集』に引用されている論書を読む、天親、曇鸞の書物を読むというように、徹底的に浄土教関係の論書を読み抜いてこられたのではないかと私はつくづく思うのです。

それは、法然のもとに入ってから、あらためて浄土教の論書を勉強し出したというのでは追いつかないような引用の仕方を『教行信証』ではたくさんしておられるからです。引用文からは、『五会法《ごえほう》事讃《じさん》』あるいは『観経義疏』、中国の学者たちの『無量寿経』や『観無量寿経』などの註釈書を読まれたこと。さらに、憬興《きょうごう》（七世紀後半）とか元暁《がんぎょう》（六一七―六八六）という朝鮮の学者の『無量寿経』

や『観無量寿経』の註釈書にまで眼を通されていることが窺えます。そういう学びというのは、専修念仏に帰してからのものとは考えられない。専修念仏に帰する前の若い時代に浄土の学びを徹底してやっておられる、そう推察されるのです。

## 本願の救いしかないという見極め
### ――天親、曇鸞の教えの見直し――

そこで、この五念門をどう読むのかという問題があります。五念門の行は、一般的に見れば自力の行です。自分の修行内容として読むならば、自分で修行した結果、阿弥陀さまに出遇《であ》うという内容です。自分で修行して、五念門を修して浄土に生まれる。浄土に生まれるための行は、自分で行ずる。自分で行じて浄土に生まれたら、阿弥陀如来と出遇う。阿弥陀如来と出遇うと、自分の功徳どころではないような力を阿弥陀如来からいただいて、今度は、還相回向ができる。そういうふうに読めば読めるわけです。

では、親鸞は、何が疑問で聖徳太子のもとに百日の参籠をしたのでしょうか。これがよくわからない問題なのです。『恵信尼消息』には「六角堂《かくどう》に百日こもらせ給いて、後世《ごせ》を祈《いの》らせ給いけるに、九十五日のあか月、聖徳太子《しょうとくたいし》の文《もん》をむすびて、示現《じげん》にあずからせ給いて候いければ、やがてそのあか月、出《い》でさせ給いて、後世《ごせ》の助《たす》からんずる縁《えん》にあいまいらせんと、たずねまいらせて、法然《ほうねん》上人にあいまいらせて」（聖典六一六頁）とあり、九十五日目のあかつきに夢を見て、その夢の内容の示唆を受けて、法然のもとに行ったとあります。

法然がどういう教えを説いているのかということは、当然、親鸞は知っておられる。親鸞が山に入門する前から、法然は専修念仏の教えを説いているのですから、二十年間修行している間中、法然の名声というものは京都中に満ちているわけです。親鸞が、法然が何を言っているのかということを知らないはずがない。当然、聞こえてくるわけです。悪い噂も、良い噂も聞こえてくる。そういうなかで法然のもとを訪ねることも入門することもせずに、比叡の山で修行をしていた。その親鸞が、百日の参籠をした。その結果、法然のもとに行ったというところに、浄土教に関わるの深い疑惑が、親鸞という人にはあったのだろうと推測されるわけです。

ですから、夢の中でお告げを受けたからといって、聞いたことのない名前の人のところへ、「それじゃ、行ってみようか」と思って行ったというような、そんな話ではないのです。そもそも法然のもとには、優秀な学者方がたくさん入門しているわけで、そのなかに、安居院《あぐい》の聖覚《せいかく》（一一六七―一二三五）という人もいます。安居院というのは天皇家の宗教行事を司る寺ですから、貴族と密接に付き合っているような聖覚が、さらに、学者としても布教者としても有名な聖覚が、法然のもとに入門しているというのですから、法然の名は京都中に広まっているわけでしょう。

そういう方のところに、親鸞はあえて行かなかったわけですから、何かそこには専修念仏に対して、そう簡単には行けない問題をご自分のなかにもっておられたに相違ない。それがのちに、法然のもとに百日通って、「百か日、降《ふ》るにも照《て》るにも、いかなる大事《だいじ》にも、参《まい》りてありしに」（聖典六一六頁）と、恵信尼が書いているということは、もう必死の思いで法然のもとに通われたということなのでしょう。それで、「建仁《けんにん》辛《かのと》の酉《とり》の暦《れき》、雑行《ぞうぎょう》を棄《す》てて本願《ほんがん》に帰《き》す」（『教行信証』「後序」聖典三九九頁）と記しているのです。法然に帰したと書かずに、本願に帰したと記しています。

これは、法然の教えを懇々《こんこん》といただいて、法然の教えをとおして本願に帰した。その本願に帰したことで自力雑行を完全に捨てることができたという宣言でしょう。心の深みには、やはり自力の思いが湧《わ》いてくるということがあっても、智慧として自力は役に立たない、罪悪深重の身にとって、本当にたすかるためには本願の救いしかないという見極めをされたということでしょう。その本願によってたすかるしかないという見極めと、『浄土論』の五念門をどう読むのかということには、深い関わりがあります。

法然の周りにいる行者たちは、念仏をしていても、五念門の行は自分で行うというような念仏ですから、やはり、念仏に努力が入っているわけです。念仏して悟りに入ろう、あるいは真剣に念仏して浄土に生まれよう、と、このようにどこかに、念仏に自力を加えてたすかろうという思いをもっている。それが常識でもあるわけです。そのことは先ほど述べた、禅浄一致のような、禅と念仏が絡んでいる発想からの離脱が、完全になされていないということです。念仏も使うけれど、悟りがほしい。そういう考え方は、それは当たり前と言えば当たり前なのです。そういう立場ではたすからない、という見極めができていないということです。

そこに親鸞には、天親の『浄土論』をどう読むのかという疑問が深くおありであったのではないかと思います。善導（六一三―六八一）が、天親の『浄土論』、曇鸞の『浄土論註』を時々取り上げられますから、善導のものを読んでいれば、天親、曇鸞のものが重要な浄土教の論書だということはよくわかるわけです。

法然は「偏依善導一師」（『選択本願念仏集』真聖全第一巻九九〇頁）ですから、善導の浄土教の考えをいただくのだという。善導の浄土教の真髄は、「二種深信《にしゅじんしん》」です。機の深信と法の深信です。ここに、善導の信念の純粋なものがあるわけですけれど、書いてあるものを読んでいた限りでは、善導もどこかで、念仏と三昧の悟りが重なっているのです。

普通に読んでいたのでは、善導の本心がよくわからない。やはり行者ですから、善導も修行者として、修行をしながら念仏の信念を語っているところがあって、だからわれわれも説得されるところがある。決して、法然のように専修念仏になっていないのです。「五正行《ごしょうぎょう》」（読誦《どくじゅ》・観察《かんざつ》・礼拝《らいはい》・称名《しょうみょう》・讃《さん》嘆供養《だんくよう》）ということをいわれるわけですから、称名念仏を取り巻いて、読誦・観察・礼拝・讃嘆供養というわけで、称名のみでいいのだとはおっしゃらない。もちろん、称名を「正定業《しょうじょうごう》」とおっしゃって、称名が正しく定まった行だということをいう（「正定之業者即是称仏名」、『選択本願念仏集』真聖全第一巻九九〇頁）のですけれど、「前三後一《ぜんさんごいち》」といわれる行を否定されない。

このように、浄土の考え方にも自力を完全に捨てて浄土の信心になっているとはいえないものが入っているわけです。明恵《みょうえ》（一一七三―一二三二）も、善導のものを読み込んでおられました。明恵は浄土のことを知らないのではない。むしろ、自分こそ浄土の教えをよく知っているわけです。それを、法然が菩提心等の余行はいらないといわれるから、法然は善導の弟子だといっているけれど、善導のものを読んでいないのではないか。善導が書いていることを無視しているのではないかといって批判するわけです。そういうふうに、自力の行がいつも本願の教えにも混《ま》ざってくる、浄土の教えにも混ざってくる。そういう状況のなかで、専修念仏の救いといっても、念仏を自力で行ずるという考えが混ざってくる。たすからないから念仏をとるといいながら、念仏にもまた、たすかる人間とたすからない人間を分けるような構造が出てくるのです。

『歎異抄』の「後序」が伝えている物語に、法然の信心も親鸞の信心も「ただひとつなり」という論争を仕掛けたということが書かれていますけれども（聖典六三九―六四一頁を参照）、この問題は、自力というものがあるならば――自力の努力は人間によって違いますから、差別構造を生み出していく構造は、世間だけではない、出世間にもあるということをお話ししましたが――、それは浄土の教えのなかにもあるわけです。そのため『無量寿経』では「三輩《さんぱい》」、『観無量寿経』では「九品《くぼん》」といわれる人間の機類を分けて教えが説かれているぐらいです。

法然という方は能力もおありだし、精神力も強いし、生活もまじめだし、そして誰が見ても朝から晩まで念仏しておられる、あれは本物だということになる。法然に匹敵する人はいないと。そうすると法然がトップになって、誰がその後に繋がるかという発想が起こり、法然の門弟方は、できるだけ法然に近づこうと考えるわけでしょう。

ところが、親鸞の発想は全然違うわけです。入門のときから、人間はどうしたらたすかるのか、その疑問で百日通って、本願によってたすかるのだと見極められた。つまり、人間の資質とか努力とか、状況とか、まじめであるとか不まじめであるとか、そういう問題でたすかるかたすからないかが決まるのではないと。これは、何でもないようですけれど、はっきりと見極めるのに百日かかったということは、容易なことではないわけです。それで、入門するについては、法然によって、本願の救いということが本当にわかったとされる。それでも、自分の中に起こってくる自力の思いが消えるわけではない。しかし、それが間違いだということにいつも気づかされる。その視点ができたから、その視点で、本願によってたすかるということで浄土の教えを読み直していくと、天親、曇鸞の教えというものの見直しができたのであろうと思うのです。

## 法然の信心も親鸞の信心も「ただひとつなり」
### ――回向門を潜って五念門の行を見直す――

回向門を潜って、五念門の行全体が法蔵菩薩の行であると見直すことができたということは、それは親鸞の思想の確かめからすれば、当然、そう読まなければならないということになったのでしょうけれど、普通では、そうは読めないわけです。どうしても、自力の行のように書いてある。法蔵菩薩の物語というものが、一切の衆生を救わんがために、十方の衆生に呼びかけて、我が国に来たれと。

この法蔵願心が建立する国に来たれと呼びかけるということの意味が、人間の努力で往くのだという、人間の発想にいつも変わってしまうのです。それだけに本願の救い、本願成就の救いだけでは自力の思いが残る、ということを本当に批判することが難しいのです。

そして、法然にも残る問題は、やはり念仏して三昧に入っていくということです。念仏して三昧に入っていくとか、念仏して無心になる。無心の念仏、これが本当の念仏だと。念仏しながら、まだ煩悩が動いているようではだめだと。念仏するということは、念仏して悟りの境地に入るのだ、こういう念仏のほうが本当だ。一遍はそういう道をとったわけですが、そういう流れが法然のなかから出てくるわけです。それを親鸞は、人間の傾向性として早くに見抜いて、『一念多念文意』を書いておられるわけです。つまり、「一念でもない多念でもない、本願の念仏である」と。

一念とか多念というのは、人間の行為です。そうすると、無念の念仏とか有念の念仏、念がまだあるのはだめだということになる。無念無想の念仏のほうが純粋だと。無念無想、なるほどそう聞くと、無念無想のほうが純粋だ。ああ、そうだと。人間はころりと納得するわけです。でも親鸞は、無念無想などと考えるのは、聖道門の発想であると見抜いている。罪悪深重の凡夫が「無念になる」などということを考えること自体が、本願を信じていないということだというように、発想ががらりと変わるわけです。つまり、罪悪深重の凡夫が本願を信じ、念仏申すところに救いがあるのであって、無念無想になってたすかるのではないのだと。これは、決定的な翻《ひるがえ》りでしょう。

われわれはどうしても、自分が苦しんだり、悩んだりしているときは、それは自分の心が濁っているからだ、純粋になったらたすかるのだと、誰でもそう考えるのです。そうすると、法然の念仏は純粋だ。親鸞のような念仏はだめだということになる。それが、むしろ当たり前です。そういう人たちの集まりのなかで、まだ三十歳そこそこの親鸞が、七十歳を超えておられる法然上人の前で、法然の念仏も、わが念仏も平等だ、法然の信心も、わが信心も平等だと堂々と言い出すというのですから、みんなあっけにとられるというか、びっくりするというか、どうしてそのようなことがいえるのかと啞然としたことでしょう。

この論争をするときには、私は、もう親鸞が「回向」という問題に気づいておられたと推測するのです。単に本願成就だけでは、これはいえない。つまりわれわれには、念仏をして、仏に近づいていくという発想が残るわけです。念仏という「行」をいただいた。念仏をして仏に近づいていく。ところが回向というのは、自利利他ともに法蔵願心が行じて、その全部の功徳を衆生に与えたいということです。回《めぐ》らし向けて、衆生のものにしたいという願いが成就する。それが念仏である。「回向成就の行信」だという。そういう発想は、これは法然の専修念仏だけでは出てこないわけです。そこに、親鸞は法然のもとに居ながら、本願成就ということを、天親、曇鸞の教えを契機にしていただき直すなら、回向成就の救いだというわけです。こういうふうに、念仏の教えの意味をいただきたいということを、親鸞は信心同一の論争の繋がりのなかで、法然の前に披瀝《ひれき》したのではないかとも思うのです。ただ、本当のところはよくわかりません。親鸞自身が、そのことを書き記しておりませんから、わかりませんけれど、私はそんなふうに考えます。

## 浄土を相《かたち》で語る

また、私が長い間、安田理深先生（一九〇〇―一九八二）の教えを聞きながら、いまだによくわからない問題として残っている「荘厳と回向」というテーマを考えたいと思います。ここでいう荘厳というのは、結局、浄土のことです（安田先生については『親鸞教学』〈一九九八年、法蔵館〉を参照ください）。

浄土は、『阿弥陀経』では「功徳荘厳」といっています。浄土は功徳荘厳だと。功徳というのは、先ほどの五功徳門でいうならば、行の果として衆生に与えられる、行じたことによって蓄積される力です。五念門を行ずると五功徳が来るということは、五念の行によって行じた功徳が与えられてくるという、そういう因果で、これが聖道門仏教を支えているわけです。人間の行為経験が人間には残る。そういう経験の蓄積が、人間に成ってくる、こういうわれわれの経験内容と絡んで行じていくと、それが人間に蓄積してくるという、そういう信頼です。

けれども親鸞聖人は、有限な行の蓄積は決して無限にはならない、とはっきり自覚しています。有限の行の蓄積も、有限の行の蓄積としては残る。訓練すれば、それだけの効果は人間には残る。しかし有限ですから、無限にはならない。その無限にならないという問題は、どれだけ熱心に修行しても、ひょっとした機縁でゼロになってしまったり、マイナスになってしまったりする可能性を残しているということです。

有限の蓄積は、状況が変わればゼロになることもありうる。そういう人間の有限な行は、人間の罪業の深みの無限性に対して、本当の解決をもたらさないという言い方もできるわけです。本願のはたらきを信ずるということは、有限を包んで「大慈悲」が我が身にはたらくことを感ずるということです。つまり有限を無限が支えていると、無限の側からの大いなるはたらきに気づくことです。その無限のはたらきとしての法蔵願心が、衆生に功徳を与えたいために功徳を荘厳する。これを「願心荘厳」といいます。

天親菩薩は「願心荘厳」といいます。願心荘厳ということが、基本的に浄土の相《かたち》であると。だから、『無量寿経』の四十八願というのは、法蔵菩薩が五劫思惟して、願というものを選び取ったという物語であり、選び取ったその願は浄土の相《かたち》である。こういう願が成就しないならば、自分は仏に成らないと。「不取正覚《ふしゅしょうがく》」と四十八回繰り返しながら、こういう願を成就したいと誓っていく。その誓いの内容が浄土なのだと。浄土を本願の物語に即しながら、浄土とは何であるかということを押さえれば、法蔵菩薩の願いこそが浄土だということになります。「四十八願荘厳浄土」ともいわれますけれど、四十八願という願が浄土をかたどっている。こう天親が押さえて、願心荘厳という言葉で述べるわけです。

ですから、浄土を願が生み出したというよりも、願それ自身が浄土なのです。浄土という空間のように語られる場所は、本願の相《かたち》なのだと。そして天親は、その願心の相《かたち》は言葉だといわれる。十七句、環境世界の如くに語る十七句荘厳功徳、「器世間《きせけん》荘厳」といわれる器の荘厳、環境世界の如くに語る荘厳、それを十七句、例えば清浄功徳とか、量功徳とか、性功徳とか、形相功徳とかさまざまに名前で功徳の名前を付けて、天親がおっしゃるわけです。「器世間」、器というのは、ものを入れる道具です。ものというのは衆生です。衆生を入れる場所は器である。器の如く、人間の環境を語る。それを天親は十七にまとめられた。天親は十七種の荘厳功徳を語るわけです。ところが、『無量寿経』には十七という数はないのです。どうして天親菩薩は十七にまとめられたのかは、よくわからない。

浄土を相《かたち》で語るということは、天親が初めてされたことではなくて、すでにそういう伝統がある。『解深密経《げじんみっきょう》』という経典、あるいは『摂大乗論《しょうだいじょうろん》』という論もある。『摂大乗論』の結びのところには浄土ということが語られていて、その浄土は、阿弥陀の浄土ではなくて一般的な仏の浄土である、仏の浄土とはこういう内容だ、ということが語られているわけです。『摂大乗論』の場合は、「円満」とか「円浄」という言葉で翻訳されているのですが、かくかくしかじかのことが満足している、成就していると語られている。そういうふうに、浄土ということを語る。この場合は十八円浄です。

そういう思想の歴史を受けて、天親菩薩が『無量寿経』の本願の教えを十七の相《かたち》でまとめた。それは、「清浄功徳」から始まる。つまり、浄土というのは清浄、本当の純粋、ピュアー（pure）といいますか、純粋なことが成就している場所だとおっしゃる。本当の純粋というのは何かといえば、それは「三界を超えている」ことだと、こういうふうに押さえるわけです。まず、浄土とは何かといえば、本当に純粋な場所だと。本当に純粋ということは、人間の経験できる世界ではないということだと、そのように押さえるわけです。

そして「量功徳」は、量が円満するということ。量が円満するとはどういうことかというと、無限大ということだと。つまり、辺際がない。どこまでが浄土だという、そういう限界がない。「究竟如《くきょうにょ》虚空《こくう》　広大無辺際《こうだいむへんざい》」(『浄土論』聖典一三五頁)、無限大だということが浄土なのだという。そういうふうに、浄土とは何かということを言葉で押さえていった。

その押さえた内容が浄土なのだと。だから、浄土というけれども、何かイメージで特殊空間があるというか、境界線があって、塀があって、その中が浄土だというイメージをわれわれは、つい描くけれども、そうではないのです。人間が考えている内容を全部ひっくり返していくような、そういう場所のように語るわけです。そして、「大義門功徳」や「一切所求満足功徳」と、次々と功徳の内容を展開するわけです。要するに、浄土とは誰もがそこにふれたら満足するところだとか、浄土にふれるということは、心の痛みも身の痛みもなくなることだとか、そのようなことがいわれるわけです。浄土の相《かたち》を言葉で表わす。かたちのないものを言葉で限定する。本来は無限定だということを繰り返して言うような限定です。限定という言葉もよくないのですけれども、とにかく言葉でどういう意味があるのかということを押さえる。その押さえられてあることが浄土なのだと。それが願心荘厳です。

# 自分の努力で救われるのか
## ――本願に帰する――

そして、荘厳された浄土というものを「観察《かんざつ》」する。つまり、客観的な対象物であるかのように教えが説かれて、浄土の相《かたち》が経典のなかに、あるいは天親の『浄土論』のなかに、さらには、曇鸞の『浄土論註』のなかに、浄土とはこういう意味だということが出されてきますから、そうすると、それを学ぶ者は言葉をとおして、浄土の相《すがた》というものはどういうものかということを知る。つまり、この世を生きているわれわれの心の闇、悩み、あるいは罪深さ、そういうものを照らし出すような言葉として教えをいただいて、そして、その如来がわれわれに教えてくださるような浄土というものを主体化しようと考えていく。それが観察です。

ところが、その観察という「行」で浄土を観ていこうとするわれわれからすると、言葉をとおして浄土を考えていくことになる。そういうふうに見ていこうとする場合の浄土を、親鸞は『観無量寿経』をその典型として押さえられた。

『観無量寿経』は、無量寿仏の浄土を説いている経典です。無量寿仏の浄土を説くのは、『観無量寿経』の場合は、王舎城という王城の后《きさき》であった韋提希《いだいけ》というお方が、自分の息子（阿闍世《あじゃせ》）が、自分の夫（頻婆娑羅《びんばしゃら》）を殺すという家庭の悲劇のなかで、もう地獄のような世界は嫌だ、どうか純粋なところを教えてほしいと、お釈迦さまに申し出る。そのときに、韋提希の要求に対してお釈迦さまが浄土をお説きになるわけです。その説かれた内容が十三のかたちで説かれている。これが、「定善《じょうぜん》十三観」といわれるものです。それで普通は、天親菩薩の『浄土論』の十七種荘厳功徳も、『観無量寿経』の内容と同じだと考えられるわけです。

つまり、荘厳されている浄土をわれわれは観ていく、観察《かんざつ》していく。ところが、科学的観察《かんさつ》は物質的なものを眼で見る、理性で見ていくということですけれど、仏教の観察は、教えの言葉をとおして、如来の教えようとされる意味を主体化する。教えの意味を、いったい何をわれわれに教えているのかということを考えて、それによって心が照らされて、自分の闇が明るくなっていく。そういうために観察《かんざつ》するわけです。

対象的な合理性を見いだすためではなくて、自分の心の闇を照らしてもらうために観察する。けれども、観察する行というものを、もし自分の努力で観察するというふうに考えるならば、天親の『浄土論』の願心荘厳ということの意味は、いったいどうなるのか。

浄土を主体化しようとする場合の親鸞の問いの不思議さなのですけれど、法然では、三経（『無量寿経』『観無量寿経』『阿弥陀経』）は一致しているのです。『無量寿経』も『観無量寿経』も『阿弥陀経』も矛盾はない、と法然は考えられている。みんな、念仏を説いている。念仏して浄土に往くのだ、と考えられている。三経一論、正しく往生浄土を明かすの教（「正明往生浄土之教」、『選択本願念仏集』真聖全第一巻九三一頁）、つまり、往生浄土を教えている正しい教えは、『無量寿経』『観無量寿経』

『阿弥陀経』と『浄土論』の三経一論だと、見ているわけです。

ところが親鸞は、ちょっと待てとおっしゃる。念仏の教えをお釈迦さまがお説きになる、その念仏一つで、衆生がたすかるということを本当にお説きになるのは、本願の救いを説いておられるのだと。浄土という場所を説いて、それを観察して、観察をとおして衆生がたすかるという説き方をしているのは『観無量寿経』だと。『浄土論』の十七種荘厳功徳も、「観彼世界相」から始まって「観仏本願力」と「観」という字が二度出てくる。あれを、もし『観無量寿経』の観だと見ると、これはやはり人間の努力を説いていることになるとおっしゃる。

自分で教えの言葉を聞いて、自分の心に照らして、説かれた浄土を本当に説かれた如くに観《み》ようとする。そうすると、定善十三観といいますけれど、浄土の相《すがた》が説かれていることを本当に観ようとすると、三昧に入るしかないのです。浄土の言葉と自分とが一致するまで、何の矛盾もなく、浄土の言葉が自分自身の環境になるまで観ていく。そういうふうになろうとすると、結局、行者が坐禅して悟るというのと同じなわけです。

ですから、中国で『観無量寿経』が流布したのも、日本に伝来して比叡山で広まったのも、行者にとっては、『観無量寿経』で悟りを開けると思うからです。

願心荘厳というけれど、荘厳されている浄土を観察していくという限りは、苦悩の娑婆から浄土というものを観察していこうとする。おそらく親鸞は、さんざんその行を比叡の山でされたのだと思うのです。そして、浄土の教えが、向こうに浄土があってそれに向かって人間が往こうとするという、そういう教えのかたちのままでは、当然、往ける人間と往けない人間があるし、どうやれば本当に往けるのか。法然は往けるかもしれないけれど、自分は往けない。三三九品《さんさんくほん》（上・中・下の三品にそれぞれ上生・中生・下生の、九品の往生の仕方が説かれる）というけれど、上品から下品に至るなか、上品の者は悟っても、下品の者は悟れない。そういうことになると思われた。

ところが、よくよく読んでみると、下品のところに念仏が説かれている。観察行を説いているようだけれど、下品のところでは称名念仏が説かれている。「南無阿弥陀仏を称えよ」と書いてある。これは、いったいどういう関係になるのか。そのためで、親鸞には浄土の教えが、どういうふうにしたら自分にとって本当の救いになるのかということが、長い間の疑問であって、それを乗り越えて、本願に帰すという決断ができたわけです。

## 本願の救い
### ――如来のはたらきが我を救う――

本願に帰するときに、いったい荘厳というものはどうなるのか。親鸞は、天親の『浄土論』の荘厳功徳が衆生に関わるのは、こちらから観察していくという関わり方で読むのではなくて、回向ということを、回向を読み替えれば、先ほど言いましたように、回向が向こうから、如来の大悲が来るのだと読めた。これは、回向門のなかに「回向を首《しゅ》として大悲心を成就する」（『浄土論』聖典一三九頁）

とあり、大悲心という言葉が見えますから、この大悲が如来の大悲だというふうに読めたということが大きいのだと思うのです。

大悲が、如来の大悲だということは、教義的にはもう繰り返しいわれているから当たり前なのです。人間は有限であって、小さな慈悲しか起こせない小悲だと。これは龍樹も言っているし、曇鸞も押さえているし、少し仏教を学べば、人間は小悲しか起こせないということはわかるのです。けれど、やはり大悲ということを自分の課題にして、大悲になろうとするというか、そういう根性が抜けないところがある。だから浄土教に帰しながらも、如来の慈悲をいただきながらも、自分も如来になれるのだと、如来のようにはたらけるのだと、こう考えてしまう。そういう癖が、人間にはいつもついてまわる。

それに対して親鸞は、如来のはたらきは向こうから来る。こちらから往くのではなくて、こちらからは往けないのに向こうから来てくださる。こういう構造を「回向」という言葉で、「如来の回向」という言葉で明らかにされた。そして、「回向の本願」ということもおっしゃる。『歎異抄』などに「如来よりたまわりたる信心」（聖典六三九頁）と、また「如来の御はからいなりとおもえば、すこしもみずからのはからいまじわらざるがゆえに」（聖典六三一頁）といわれているように、回向の本願、つまり自力の回向ではなくて、如来が回向するということが本願なのだという。

本願の救いということは、如来の回向なのだ。それを回向成就というのだと。そこまで読まれた。そうすると、浄土はどうなるかというと、ここに一つの謎がある。「欲生心」（聖典二三三頁）という問題があるのですが、「本願の欲生心」ということを親鸞は、「欲生はすなわちこれ回向心なり」（同頁）だとおっしゃるわけです。本願の信心、信心に三心あると。「至心信楽　欲生我国」という三心があるといわれる。

三心ともに回向である。だいたい、信心そのものが回向である。如来の回向であるとおっしゃる。回向というのは、こっちに衆生がいて向こうに如来がいて、何かをくださるという意味ではないのです。

回向というのは回《めぐ》らし向けるという意味で、梵語ではパリナーマ（pariṇāma）というらしいのです。パリナーマということは、なかなかわかりにくいのですけれど、意味を転じて、そちらの側に立つという意味らしいのです。いわゆる、普通、いまの浄土宗などが行う回向などでもそういう意味がないわけではない。それは、亡き人に回向してもらう、お経を回向してもらうと。

例えば、「一緒にご飯を食べたいね」と言って、陰膳《かげぜん》といって、亡くなった方が食べてくださるわけはないのだけれど、こちらで食べているものと同じものをお供えして、それで食べる。そこには、何かそうせずにはいられないものがある。お供えしたからといって、食べてくださっているわけではない。けれども、そうせずにはおれない。だから、こちらのものを向こうに回らし向けたいという意欲です。この回向という意欲は大事な意欲であるから、菩薩の行にも入っているわけです。

しかし、親鸞はそれも結局、自分が仏法に、あるいは仏に何かを回らし向けようとする意欲は、やはり自力であるという。つまり、自分に功徳があって、自分の功徳を向こうに振り向けるという意味ですから、自分が仏法に役立つ功徳をもっているという思いがなければ回向はできないわけです。

それに対して親鸞の見極めは、有限なる罪悪深重の衆生がもっている功徳というものは、純粋でもないし、無限でもないし、本当に仏に役立つものではない。むしろ、本当のものは如来からわれわれがいただくものだ。いただいて、われわれは功徳のありがたさを生きているのだ。こちらから捧げるというような発想は、逆になるのだ、と。そういうふうに、親鸞という方は如来のはたらきのなかにある自分というものを自覚された。

だから、徹底的に自力の思いが破られるということを潜って、如来の回向ということを明らかにされた。このことを、親鸞は大変ご苦労されて、思想としても、態度としても徹底されたのです。

では、親鸞が、なぜ荘厳ということを欲生心という問題に絡めるのか、そして、それをなぜ回向というのかということを考えてみたいと思います。

## 一如からかたちを現わす

### ――方便と真実――

親鸞は、南無阿弥陀仏の信心ということを、「回向の信心」であるというふうに押さえられた。これは、天親の五念・五功徳の因果というものを、法蔵菩薩の願行、つまり、願心の行であるといただかれて――法蔵菩薩の願行ということは、南無阿弥陀仏が南無阿弥陀仏になる。あるいは一如の功徳を衆生のものにする――、一如の功徳が衆生のものになるというかたちが、南無阿弥陀仏であるとおっしゃるのです。

普通は、南無阿弥陀仏以外に、どこかにもう一つ浄土を建てて、南無阿弥陀仏という方法を手段として浄土へ往くというように考えます。ところが、親鸞は「一如宝海《いちにょほうかい》よりかたちをあらわして、法蔵《ほうぞう》菩薩《ぼさつ》となのりたまいて、無碍《むげ》のちかいをおこしたまうをたねとして、阿弥陀仏《あみだぶつ》と、なりたまうがゆえに、報身如来《ほうじんにょらい》ともうすなり。これを尽十方無碍光仏《じんじっぽうむげこうぶつ》となづけたてまつれるなり。この如来を、南無不可思議光仏とももうすなり」（『一念多念文意』聖典五四三頁）といって、一如宝海からかたちをあらわして、法蔵菩薩と名告《なの》られて、法蔵菩薩が浄土を建てたとおっしゃる。

これを比喩的にいうならば、小麦粉を捏《こ》ねて、パンの素地をつくって、まず阿弥陀さまをつくった。そして、こちらに浄土をつくった。つくった阿弥陀さまも浄土もともに、小麦粉でつくってあり別のものではないとでもいいますか、これを阿弥陀如来と浄土とにすれば、一如から、一如の外に阿弥陀となり、浄土を建てると、こういうけれど、いずれも一如と別ではない。相《かたち》をとって言葉としてあらわしても一如だというのが、親鸞の基本的理解です。

なぜ相《かたち》をとったかというと、衆生に一如を恵むためには、一如そのものは眼に見えない。形もなければ色もない。これは「法身《ほっしん》」ともいわれる。「法性法身《ほっしょうほっしん》」というものは、形もなければ色もない。形も色もないものの功徳というものは、われわれにはわからない。われわれには、意識の対象として摑《つか》むことができるものはわかる。意識の対象にならないものは、われわれにはまったくわからない。

だから、意識の対象になるためには、相《かたち》をとるしかない。「一如宝海よりかたちをあらわして、法蔵菩薩となのりたまいて、無碍のちかいをおこしたまうをたねとして、阿弥陀仏と、なりたまう」と。阿弥陀という相《かたち》をとったからには、それはものすごく大きなものだというのが『観無量寿経』の語り方です。『観無量寿経』は、日想観《にっそうかん》から始まって、第九真身観《しんしんかん》というところに来ると、本当の阿弥陀さまは、「無量寿仏《むりょうじゅぶつ》の身《しん》は百千万億の夜摩天閻浮檀金色《やまてんえんぶだんこんじき》のごとし。仏身の高さ、六十万億那由他《なゆた》恒河《ごうが》沙由旬《しゃゆじゅん》なり」(『観無量寿経』聖典一〇五頁)と、このように大きいのだというわけです。そのように大きい仏さまは、どれだけ離れたら見えるのか。俯仰《ふぎょう》角度からいえば、無限大に離れなければ見えないくらい大きいわけです。それほど大きいのだというのが、『観無量寿経』の語り方です。

真実の身、真身といっておりますから、本当の仏さまはこのように大きいのだといっているわけです。それは大きさをとおして、大きさではないものを語ろうとしているのでしょうけれど、親鸞は、これが「方便化身《けしん》」という意味なのだとおっしゃる。「化身」ということは、衆生に教えるために、教化のために仮《かり》に相《かたち》をとる。だから、方便権仮《ごんけ》という言い方をするわけですが、仮、どこまでも、仮のかたちなのだと。だから、『教行信証』「化身土巻」に、「化身土《けしんど》を顕《あらわ》さば、仏は『無量寿仏観経《むりょうじゅぶつかんぎょう》』の説のごとし、真身観《しんしんかん》の仏これなり」(聖典三二六頁)といって、方便の仏の相《かたち》を『観無量寿経』の真身観、真身(本当の身)を見るというけれど、真身観が方便なのだという言い方をします。

つまり、法然ではそういう批判がないわけです。全部が本当だと。浄土が説いてあれば、すべて本当だというのが法然の理解です。けれども、方便と真実とが混じっていると、方便をはっきりさせて、本当の信心を明白に自覚しないと、人間はどうしても自力の心というもの、自力の努力の心、自力で何とかできるという思いを加えてたすかろうとします。そうすると、やはり人間はどこまでも苦しまざるを得ないのだと。苦悩を、何とか逃げられるという方向で苦しんでしまう。逃げられない苦悩を、如来におまかせするというかたちで引き受けるのではなくて、何とか逃げられるというかたちで苦しみ続けるということになる。

## 「天命に安んじて人事を尽くす」ことの難しさ
### ――親友・藤沢静文氏の聞法の姿――

人間は、闇が深いと思います。去年（二〇〇六年）、この会座に参加を希望していて来られなかった私の親友がいます。藤沢静文という方です。一昨年の夏の一泊研修までは楽しみにして来てくれていました。

彼は、お寺の出身であったということもあって、企業マンとして一代勤め上げたのですけれど、定年退職をしてからはすっぱりと会社生活の関係を切って、「これからは、仏法一筋で歩んでいきたい」と、随分熱心に親鸞講座にも来てくださるようになった。彼は、六十三歳まで企業マンとして働き、六十九歳で亡くなりましたから、わずか六年間しか聞法ができませんでした。しかし、非常に熱心に、ある意味で必死の思いで「他力の信心」を学ぼうとしておられた。もともと真宗のお寺の生まれで、跡取り息子として期待されて成人したのですけれど、われわれの世代の共通の感覚で、精神的なものというものは、何か頼りないというか、物質的なもの、経済発展に貢献しようと、やはり唯物論の影響もあったのでしょうけれど、物質的な豊かさに役立とうという思いが、われわれの世代の共通の感覚であったと思うのです。彼は、お寺の跡を継ぐべく、ご門徒からも期待されていたに相違ないのですけれど、それを断って、大学を卒業すると同時に鉄鋼会社に入って、一代、鉄鋼会社を勤め上げた。お寺のほうは、銀行マンになった弟さんが自分が跡を継ごうと転じられて、それも、随分偉いなと思うのです。その銀行の頭取からは、「何としても残ってほしい」と、役員になってほしいと言われたのを断って一寺院の住職になった。それも、五十歳を過ぎてからだそうです。

その後、たまたま縁があって、その弟さんが私の本を古本屋で見つけて、手に取って読んでくださった。そしてその本が縁で、弟さんは三重県の出身ですが、私が三重県の会座に出向いていることをどこからか聞かれて、四日市の私の会座に来てくださるようになったわけです。ところが弟さんが勉強をしているうちに、兄弟の父親がお亡くなりになって、父親の法事に兄も三重県のお寺に帰った。そして兄弟で話をしているうちに、「お前、仏教を勉強しているらしいが、誰に付いているのだ」という話から、「本多弘之に付いている」という弟の話を聞いた藤沢は、「それは、俺の友だちじゃないか」という話になった。そこで弟から「そんな縁があるのなら、もうそろそろ会社を辞めて、仏法を聞け」と、強く言われていたのだそうです。

でも彼は、「弟からはそう言われるのだけれど、やはり、もうちょっと世間に執着があるんだ」と言って、会社を勤め上げて、大きな鉄鋼会社（新日鐵）ですから、五十歳代の半ばで子会社に出されて、その子会社（日鉄海運）の副社長をやっておりました。そこを一生懸命に勤めて、定年退職で辞めると同時にすっぱり縁を切って仏法を聞き始めた。家族の人からお聞きすると、それからは私の本をたくさん買ってくださって、もう必死で読んでおられたそうです。ところが、彼はなかなか能力のある男であったし、しかもお寺の出身だということもあって若い頃には少しは仏法を学んでいたはずだけれども、何十年間、社会生活をしてから仏教を聞き直し始めると、わからない。私は、とても不思議でしたね。あのような賢い男が、私のような愚かものの話していることがなぜわからないのかと思いましたけれど、やはりわからないのだそうです。

それで、一から勉強をし直すつもりで、私の本を一生懸命に読んでくれていた。そして去年八月、この一泊研修の会座に申し込まれたのですが、その前の週かに、どうも身体の調子が悪いというのでお医者さんに診てもらったら、「精密検査をしよう」と言われて、精密検査の日程とぶつかったので来られなかった。精密検査の結果、膵臓に癌があることがわかって、その段階で、彼は医者からあなたの寿命は、あと八ヵ月だと言われたそうです。そう言われて、それからますます熱心に、仏教を勉強してくれた。けれども、彼は人に言わない性格なのです。病気のことは家族にも言わなかったそうです。自分の痛みや苦しみというものを奥様にも言わなかった。そのぐらい辛抱強い男でした。また友だちにも言わない。私が知ったのも、弟さんがわざわざ三重県から東京の親鸞仏教センターに訪ねて来てくださって、「どうも兄の命は、もう長くない。ぜひ行ってやってほしい」と頼まれたからです。「実は、兄は余命八ヵ月と宣言されていたらしい」と。そのことを誰にも言ってくれるなと、弟さんにも言われたと。だから、誰にも言えなかった。でも、今回入院して、もう退院できるかどうかわからない。行ってやってほしい。そう言われたので、私は、初めて病床の彼を訪ねました。

そうしたら、もっぱら仏法の話です。私の本にびっしり赤い線が引いてあるのです。こちらは何をしゃべったのか忘れているような男なのですけれど、びっしり線を引いていて、でも、わからないと言うのです。正直な男です。

彼は、清沢満之の「自己とは何ぞや」(「臘扇記」『清沢満之全集』第八巻三六三頁)ということ、このことも一応はわかると言いました。けれども普通は、やはり人間が自力を尽くして、この人間の努力を尽くして、後は天命を待つ。運を待つ。こういうのが普通の人生観。これでも、なかなか天命を待つということは、そこまで覚悟を決めるということは難しいのですけれど。一応、普通であれば、「人事を尽くして天命を待つ」と言われれば、「ああ、それは本当だ」と思う。けれども、清沢満之は「天命に安んじて人事を尽くす」(「転迷開悟録」『清沢満之全集』第二巻一六一頁)と言ったと。「それはよくわかる。天命に安んじて人事を尽くす、そうだなと思うのだけれども、そうなれない」と言うのです。それはそうだろう、と思う。しかし、そうなれないと。そのような話をベッドから起き上がって、もう、やせて、骨と皮のような姿なのだけれど起き上がって、私の前で弱音を見せまいと無理をしてそのように言うのです。「もういいから、寝ていなさい」と言っても寝ないのです。看護師さんを呼んで、「ちょっと待ってくれ」と言っては、酸素を吸う装置で酸素を吸って、それからまたしばらく話をする。もう、本当にそのような状態になっても、「他力の信念がほしいけれど、他力になれない」と、こう言っていました。それくらい自力の執念というものは、断ちがたいものだと思います。彼は正直でした。そして、彼が亡くなったのはそれから一週間後でした。

だから、人間の自力の執念というものは、そう簡単に降参するものではないのだと思います。私は、彼とは東大時代からの友人です。大学時代、彼は駒場寮にいました。寮には、一つの大きな部屋に八つ机があって、八人が一緒に生活をし、みんな一緒の食事をとるのです。そういう状態で貧しい生活を送っていたのですが、その頃、彼のベッドの前の書棚に『教行信証』が入っていたのを、私は憶えています。彼には学生時代から、これは勉強しなければならないという、自分に対するそういう思いが、ずっとあったのだろうと思うのです。それでも、いま、わからない。つまり、わからなさというものは、言葉がわからないというよりも、発想の転換ができないというわからなさです。自力の発想しか人間にはないわけですから、その発想で、ものをわかろうとしますから、どうしても人事を尽くして天命を待つ。人間、限界までやればそれ以上はできない。後は、何かが来るのを待つしかない。これはわかるわけです。しかし、初めから天命に安んじて人事を尽くせとなると、これはわからない。わかるはずがないということなのです。

# 念仏して、浄土へ往くのではない

## ――第十八願は信心の願――

そういう意味で、親鸞聖人が二十九歳で翻《ひるがえ》ったということは、大変な、ものすごい苦悩があったに相違ないのです。そこを、いままでの教学は見ているだろうか。何か法然に会ったら、コロリとひっくり返ったというように考えているのではないのか。でも、実はそんな簡単なものではないのです。

親鸞は、法然が苦しんだと同じように、たすからない身でたすかりたいと思って悪戦苦闘しておられて、おそらく一度は死ぬような経験、それまでの眼がまったくひっくり返されるという、まさに「死」といってもいいくらいの体験――それを私は宗教的死といってもよいと思いますが――そういう体験をされたのだと思うのです。そういうものを潜らないと、これはわからないのではないかと思うのです。

なぜこういう話をしたのかといえば、「欲生心成就」という問題があるからです。欲生心成就という問題は、「本願成就の文《もん》」に「諸有衆生《しょうしゅじょう》　聞其名号《もんごみょうごう》　信心歓喜《しんじんかんぎ》　乃至一念《ないしいちねん》」（『無量寿経』聖典四四頁）ということがあるわけです。「あらゆる衆生、その名号を聞きて、信心歓喜せんこと、乃至一念せん」と。そして、「至心回向《ししんえこう》　願生彼国《がんしょうひこく》　即得往生《そくとくおうじょう》　住不退転《じゅふたいてん》」（同頁）という言葉になっています。

親鸞聖人は、因の三心《さんしん》、つまり「至心信楽　欲生我国」という言葉と、「本願成就の文」の「聞其名

号　信心歓喜　乃至一念　至心回向　願生彼国　即得往生　住不退転」とを重ね合わせて、因の三心と、本願成就の文との関係をお考えになった。

五念・五功徳の因果で考えるという発想と、本願の因と、本願の成就とを重ね合わせて考えるということを、この『教行信証』において一貫して親鸞はされているわけです。だから、本願文と本願成就の文との引用の仕方にその御苦労が見えるのです。その場合に親鸞は、第十八願は信心の願だとご覧になった。それまでは第十八願は「念仏往生の願」というふうにいわれてきていたわけです。曇鸞もそういうし、善導も、法然もそういわれる。つまり、第十八願はどこに重点があるのかというと、「設我得仏　十方衆生　至心信楽　欲生我国　乃至十念　若不生者　不取正覚　唯除五逆　誹謗正法」であると。この「乃至十念」というのは、十念の念仏、「十念往生の願」ともいわれます。

十念念仏、この念仏は口称、口で発音する念仏だというふうにはっきりさせたのは善導です。それまでは、念といえば思いですから、念ずるということの内容は、一般的にはいろいろな念があるというふうに考えられていた。しかし、『観無量寿経』に照らせば、最終的には「汝好持《にょこうじ》是《ぜ》語《ご》　持《じ》是《ぜ》語《ご》者《しゃ》即是《そくぜ》持《じ》無量寿仏名《むりょうじゅぶつみょう》（汝《なんじょ》好くこの語《ことば》を持《たも》て。この語《ことば》を持《たも》てというは、すなわちこれ無量寿仏《むりょうじゅぶつ》の名《みな》を持《たも》てとなり）」（聖典一二二頁）という言葉が『観無量寿経』にある。善導は、それによって『観無量寿経』の教えの一番の極意は、「無量寿仏の名《みな》を持《たも》て」というところにあるのだと、読まれました。

先ほど言いましたように、浄土が説かれていて、浄土の荘厳功徳を観ぜよという教えを説いてあるのだけれど、最後のところまでくると、「無量寿仏の名を称えよ」と、「南無阿弥陀仏と念ぜよ」ということが、『観無量寿経』の仏の密意（深い心）なのだと、このように善導が押さえたわけです。だから、『観無量寿経』は一経両宗で、『観無量寿経』のなかには二つの宗旨があるとする。一つは「観仏三昧」、つまり、仏を観ずる。仏及び仏の浄土を観察するということです。もう一つは、「念仏」です。念仏は口称《くしょう》の念仏、南無阿弥陀仏という仏の御名《みな》を称えるということです。そういう二つが、『観無量寿経』にはあるということを、善導はおっしゃるわけです。では、どちらが中心なのか。善導大師は、仏の本当の願いは念仏にある。その念仏というのは、口称、ナンマンダブツという行為にあるのだという。その念仏を説いている願が第十八願だと。「念仏往生の願」というのは、ナンマンダブツと発音したら往生するということなのだと。こういうふうに善導が押さえた。また、善導はそれを書き換えて、「若我成仏十方衆生　称我名号下至十声　若不生者不取正覚　彼仏今現在成仏　当知本誓重願不虚　衆生称念必得往生（我が名号を称すれば、下至十声、乃至十声に至るまで念仏すると必ず往生する）」（「往生礼讃」、『教行信証』「行巻」聖典一七五頁）と。つまり、「念仏往生の願」と押さえた。法然も、それをそのままおとりになったから、第十八願は「念仏往生の願」だとおっしゃるわけです。

それを親鸞は、「至心信楽の願」だと押さえ直した。第十八願は信心の願だと見た。これは何でもないようですけれど、なぜ第十八願を信心の願だと見なければならないかといえば、先ほど少し申しましたように、ナンマンダブツと発音して浄土へ往くという発想が浄土教だということになっていた。しかし、発音して浄土へ往くのではない、本願を信ずればたすかるというのが本願の教えだというのが、親鸞の自覚です。発音していたら、いずれ浄土へ往くという話であったなら、本当かどうかはどこで確かめるのか。「仏さまが、そう言われているのだから信じなさい」といわれても従えない、というのが親鸞です。「そういわれているのだから、信じましょう」といって、信じ続けて念仏しているのが一般の浄土教徒です。

そこを親鸞は、問題は本願を信ずるか、信じないかにあるのだとおっしゃる。念仏するか、しないかではない。本願を信じなくても念仏はできる。では、念仏したら浄土へ往けるのか。そんなことではないのだと。本願を信ずれば、本願は念仏せよと誓って、だから念仏すればたすかるのだけれど、念仏すればたすかるということは、本願を信ずるからだと。そして、その本願を信ずるということは、どこではっきりするかといえば第十八願だというのです。親鸞が、第十八願を信心の願だと見たということについて、これは、法然上人がお亡くなりになった後でそういう問題に気づいて、そういうふうにしていかれたとはとても考えられない。おそらくこういう問題を法然との議論、「又、百か日、降《ふ》るにも照《て》るにも、いかなる大事《だいじ》にも、参《まい》りてありしに」（『恵信尼消息』聖典六一六頁）と、百日通い詰めたという法然とのやりとりのなかに、こういう問題をすでに通過していると私は考えるのです。

## 「綽空」という名のもつ意味

親鸞が比叡の山で名告っていた法名というのはわかりません。覚如は、「範宴《はんえん》」という名を伝えている（『御伝鈔』聖典七二四頁）のですけれども、これはよくわからない。「範宴少納言」と書いてあるので、これは幼名で、法名ではないと見るべきでしょう。少納言は天皇に仕える官の位の名ですから、俗に属することを示しています。けれども、法然から『選択集』を付嘱されたときには、「綽空《しゃっくう》」と書いていただいたと『教行信証』に書いています（聖典三九九―四〇〇頁）から、綽空という名前を、おそらく入門のときに法然からいただいたのでしょう。これはどういうことなのかなと思うのです。

つまり、比叡の山で出家すると、僧侶としての名前をもらうわけです。伝説では、九条兼実の弟の慈円《じえん》（一一五五―一二二五）に頭を剃ってもらったというのです。ただ、最近、それに対する反論も出ており、本当のところはよくわからないのです。慈円は、親鸞が入門した頃は、比叡の山にはいなかったなどということを言い出す学者がいますから。どうかわからないのですけれども、慈円はのちに天台座主になるような人です。そういう人と、親鸞が子どもの頃に、どうして因縁があったのかということは、ちょっとわからないところです。

ともかく出家すれば、「出家受戒」といって、聖道門仏教では、頭を剃って、受戒、戒律を受けます。しかし、子どものときにはまだ受戒はできない。本当に戒律を守るかどうかという決断がありますから、成人にならないと受戒はできないわけです。だから、いつ僧侶としての名前をもらったのかということも、一つの問題としてありますが、でも、ともかく綽空という名前は、明らかに浄土系の名前です。道綽の「綽」の字と、源空の「空」の字だと考えられますから。綽空という名前を、法然から『選択集』を渡されるときに書いてもらっているということは、これはいったいどういうことなのか。

つまり、いったんは比叡の山で、僧侶としての名前があったに相違ないわけです。二十九歳まで名前がないなどというはずがないですから、その名前のまま、法然門下になっているのかもしれない。例えば、先ほどの聖覚の場合であれば、聖覚という名前のまま、天台の行者でもあるし法然門下でもあるわけです。その他にもたくさんの有名な弟子がいるのですけれど、そういう方々は、僧侶としての名前をすでにもっていますから、法然のもとに来たからといって、新しい名前をもらう必要がないわけです。親鸞は、比叡の山の時代から綽空であったのか。それはわからない。わからないけれど、綽空であったとは考えにくいのです。そうすると、法然のもとに百日も通って入門するときに、自分はあらためて出家をするといっては変ですけれど、比叡の山での出家僧の立場から一度死んで、浄土教徒としての法然門下の一人として生まれ変わるといいますか、そういう意味で、法然から、法然門下になった印に、名前をいただいたのではないか。それが、もし綽空であるのなら、この綽空という名前を、法然がくださったということには、相当の意味があると考えられます。

道綽禅師（五六二―六四五）の綽の字ということですが、その当時、道綽という方はどれだけ尊敬されていたことか。浄土教を、中国で末法が近いといって鼓吹した方で、そこから善導が生まれてきていますから。道綽は、善導の師匠としても崇められているし、天台に浄土教が入って来ても、道綽は非常に高く評価されています。『選択集』の冒頭の文は、「一切衆生皆有仏性、遠劫以来応値多仏。

何因至今、仍自輪廻生死不出火宅（一切衆生にみな仏性あり。遠劫よりこのかた多仏に値いたてまつるべし。何によりてか、今に至るまでなお自《みず》ら生死に輪廻して火宅をいでざるや）」（真聖全第一巻九二九頁）と、道綽の問いの言葉から始まっています。

道綽の問い、つまり、「一切衆生悉有仏性」（『涅槃経』）といわれるように、誰にでも仏性があるのであれば、教えにふれれば誰でも悟りが開けるはずである。にもかかわらず、自分は愚痴が深くして、仏性が確認できない。つまり、仏の悟りに近づけない。こう言って、道綽はなぜなのかと問われた。そして、「大集月蔵経云。我末法時中億億衆生、起行修道、未有一人得者。当今末法現是五濁悪世、唯有浄土一門、可通入路（大集月蔵経にのたまわく。わが末法のときのなかに億億の衆生、行を起こし道を修せんに、いまだ一人として得るものあらじ。当今は末法にして現に、これ五濁悪世なり。ただ浄土の一門ありて通入すべき路なり）」（同頁）と、それは時代がもう末法の世だからなのだとおっしゃる。

「一由去大聖遙遠。二由理深解微。是故（一つには大聖を去ること遙遠なるによる。二には、理は深く解《さとり》は微なるによる）」（『安楽集』真聖全第一巻四一〇頁）と、一つには、大聖釈尊が入滅されて遙かに遠い。二つには、仏法の道理は深い、しかし自分の理解は浅い。だから、仏性があるかどうかということはわからないけれど、自分には悟りが開けない。だから、「ただ浄土の一門ありて」もう念仏しかないのだということを宣言して、浄土教を主張するために、聖道・浄土を分けたわけです。

道綽は「聖浄二門判」といわれて、聖道門に対して、浄土門という門があることを宣言した人です。それまで、浄土門というものはなかったのです。浄土という教えはあったけれど、聖道門に対して、独立的な意味で「浄土門がある」といったのは道綽です。だから法然は、そういわれてきたにもかかわらず、聖道・浄土がまた混じってしまっているという状態であったから、「浄土宗独立」ということをもう一度おっしゃったわけです。

繰り返しになりますが、聖道門・浄土門の決判、それを法然に先立って中国でなさった方が道綽です。その道綽の一字をとり、そして、専修念仏の浄土宗独立を宣言した源空の一字をつけて、「綽空」という名前をお前に与えるということは、よくぞ、お前は本願に帰すという決断をしてくれた。自力聖道門を捨てて、新しい立場に立って生きるという決断をしてくれたお前には、この名前を与えたいと思われたのでしょう。綽空という名は、それくらい格のある名前だと思われます。

## 人間の内と外との矛盾
### ――真実は如来にあり――

それと、いまのこの問題とが絡むのです。つまり、第十八願は信心の願であり、そして本願成就の文、これは信心の成就である。「聞其名号、信心歓喜、乃至一念。至心回向。願生彼国、即得往生」(『無量寿経』聖典四四頁)、すなわち、名号を聞いて、信心歓喜する。普通は、「乃至一念まで至心に回向して彼の国に願生すれば、即ち往生する」と、こう読むのです。そうすると、「至心に回向して」ということは、念仏して、「聞其名号　信心歓喜　乃至一念」。名号を聞いて、信心歓喜する。歓喜した喜びを回向すると読むわけです。名号を聞いて、信心歓喜して、乃至一念まで、至心に回向して、と続いているのですから、至心回向も行者の回向です。名号を聞いた者が回向する。文脈的に、文法的に読めば、当然そうなるわけです。

ところが、親鸞は本願成就の文の「至心回向」は、これは行者の至心回向ではないといいます。なぜならば、「至心信楽　欲生我国」の至心という言葉を註釈して、至心というのは真実だという。因の願にある「至心・信楽・欲生」を三心《さんしん》、三つの心とおっしゃるのですが、この至心を註釈して、これは人間の心ではないというわけです（『教行信証』「信巻」二二三―二二五頁参照）。

親鸞は、なぜ信心の願が三心を誓うのか、という問題を『教行信証』「信巻」で起こすわけですけれども、それは善導大師の三心《さんじん》釈、つまり、「至誠心・深心・回向発願心」という『観無量寿経』の三心《さんじん》に長い註釈をして、普通でいえば、至誠心は人間が本願の念仏に誠を尽くしていけば、必ず浄土に往生すると、こう読むわけです。

ところが、その「至誠心釈」に、「「至」は真なり。「誠」は実なり」（『教行信証』「信巻」二一五頁）と、至誠心の至誠ということは、真実だと善導が註釈している。そして人間は、不実である、人間は蛇蝎《じゃかつ》に同じである（同頁）と註釈をしているわけです。そこも、親鸞は独特の返り点を打ちます。外と内という対応を善導がして、「不得外現賢善精進之相　内懐虚仮　貪瞋邪偽、奸詐百端　悪性難侵　事同蛇蝎」（『観経疏』「散善義」真聖全第一巻五三三頁、『教行信証』「信巻」二一五頁）と。これは普通は、「外に賢善精進の相を現じて、内に虚仮を懐くことを得ざれ」と読む。つまり人間は、どこかで内と外が矛盾しているではないか。外には、賢き善き姿を現して、内は虚仮不実だと。私たちは、毎日のようにそういう生活をしています。お互いに、人間関係は利用し利用される関係です。仏教以外の話はみんなそういう関係なのでしょう。一杯飲みに行こうといっても、実は自分が飲みに行きたいから誘うのであって、まあ、とりあえずいるのはお前さんだけだから、一緒に行こうというような話です。このように内と外の矛盾というのは、ちょっと考えれば、われわれには思い当たることがある。外にはよい顔をしているけれど、内は違う思いでいる。特に、経済問題が絡んだら、お世辞を言うのは、実はものを売りたい下心があるとか、だいたいそういうものでしょう。だから、外に賢善精進の相を現じて、内に虚仮を懐いてはならないというのは、倫理的に、誰にでもよくわかるわけです。それでは、そうなれるかといわれたら、そうはできない。だから法然は、内と外とは矛盾しているから、内を転じて外にせよ、あるいは、外を転じて内にせよ、とおっしゃるのです。「内と外を一致させなさい」と、法然はおっしゃるわけです。

ところが、親鸞は、もし一致させるということが、教えの本意であり、善導の本心であるのなら、私は地獄に往くしかないといわれる。「一致させなさい」「はい、わかりました」と一致させられるような人間であるならば、浄土教などには入らない。なぜ浄土教を選ぶのかといえば、それが一致しないからだという。外に賢善精進の相を現じて、内に虚仮を懐くことはないという、その場合にいう内と外とは何であるか。親鸞は、そういうことをはっきり詰めていき、真実は如来にあり、人間は不実であるとされる。外は真実であり、外は如来である。人間は不実だ、不実の自己を照らし出すのが如来の真実だというふうに対応したわけです。真実を虚偽にするとか、虚偽を真実にするというようなことはできないことなのだと。人間は、自力ではできるように思うわけです。でも何とか努力をして、内と外とを一致させようなどとすると苦しむだけです。苦しんで、もがいて、ストレスとなり、ストレスが溜まる。人間は、誠実であろうとしても誠実を貫くことはできない。そういうものだと思うのです。親鸞という人は、そこをはっきりと見据えたわけです。自力ではたすからない。たすからない人間に、自力をもっとやれと勧めるはずがない。善導は人間の不実を知れ、とおっしゃっているのだと、親鸞は見たのです。

真実は如来にある。そうすると、この「至心信楽　欲生我国」という如来がわれわれに呼びかける言葉は、至心というのは真実心である。人間に真実心をもてというのならば、人間は地獄に往かなければならない。この至心は、如来の真実心だ。如来の側にある真実心を如何にして衆生のものにするか。衆生をたすけるためには、衆生が不実のままでは衆生はたすからない。不実なる衆生に如何にして真実心を恵むのか、これが至心である。だから、「回向の至心だ」（「利他回向の至心」、『教行信証』「信巻」聖典二二七頁）と。こういうふうに親鸞聖人はご覧になった。

文法的には、「聞其名号　信心歓喜」した衆生が、至心回向するとしか読めない文脈ですから、仏教学者の中村元先生（一九一三―一九九九）は、親鸞は文法を無視しているから、自分はそれをとることができない、これは文法的に無理だといわれる。それはそうです。文法的に無理なことを親鸞はあえてしたのでしょう。文法的に読むと自力と他力が混乱しています。不実なる人間が、至心をできるはずがない。だから、親鸞は「聞其名号　信心歓喜　乃至一念」で文章を切ったのです。そしてこれが、「本願信心の願成就の文」であるといって、「『経』〈大経〉に言《のたま》わく、諸有《しょう》の衆生《しゅじょう》、その名号を聞きて信心歓喜《しんじんかんぎ》せんこと、乃至《ないし》一念せん、と」（『教行信証』「信巻」聖典二二八頁）と、ここで切ったのです。

　そして、「乃至一念」から後はどうするのかというと、「本願の欲生心成就の文」（同二三三頁）と述べて、ここから主語が変わるわけです。親鸞聖人が、ここで文章を切ったということは、つまり、「乃至一念」までは、一応、衆生に回向された信心の相《すがた》、それは「聞其名号　信心歓喜　乃至一念」だといい、そして、「至心回向」から後は、「本願の欲生心成就の文」だとして、欲生心も如来の回向心だというのです。これが大事なことなのです。つまり、至心も信楽も欲生も、すべて如来の回向なのですけれど、特に、欲生心は如来の回向心だといいます。その欲生心が成就しているということは、如来の回向心成就の内容なのです。それを忘れて、その後の学者はどういうかといえば、「至心回向だけが、如来の回向だ」とし、「願生彼国　即得往生　住不退転」は、行者の心だと読んだわけです。これが間違いのもとです。親鸞聖人の理解は、「本願の欲生心成就の文」として、「至心回向」から「唯除五逆　誹謗正法」までを、如来の回向心であると押さえたわけです。

## 宗教的死は肉体が死ぬことではない
### ――信心を得れば不退転に住する――

これはつまり、如来の回向のなかに自力の思いが死んで、宗教的救済の人生が蘇ってきたというようなことを表そうとしているわけです。そうすると、「至心回向」だけが如来のはたらきではなくて、「願生彼国　即得往生　住不退転」という全体が、如来の回向なのです。

そして、『教行信証』ではその後に「浄入願心とは」（「信巻」聖典二三三頁）という言葉があって、ここに『浄土論』の「「また向《さき》に観察荘厳仏土功徳成就《かんざつしょうごんぶつどくじょうじゅ》・荘厳仏功徳成就《しょうごんぶつくどくじょうじゅ》・荘厳菩薩功徳成就《しょうごんぼさつくどくじょうじゅ》を説きつ。この三種の成就は、願心の荘厳したまえるなりと、知る応《べ》し」といえりと」という言葉を引いて、曇鸞の註釈を加えている。「この三種の荘厳成就は、本四十八願等《もとしじゅうはちがんとう》の清浄《しょうじょう》の願心の荘厳したまうところなるに由《よ》って、因浄なるがゆえに果浄なり、因なくして他の因のあるにはあらざるなりと知る応《べ》しとなり、と」（同二三四頁）と。つまり、願心荘厳は、因も果も如来の願心なのだと、如来の願いが相《かたち》をもったものであると。その全部を、欲生心として与えましょうというのです。欲生心として与えられるということは、われわれが欲生するのではなくて、われわれは南無阿弥陀仏の信心をいただくということです。信心のなかに如来の回向心が来る。それが、「至心に回向したまえり」である。これがなかなかわからないところです。

「願生彼国　即得往生」というのは、どうなるのか。「願生彼国　即得往生　住不退転」という内容の全部を私に信心としてくださるのだ。「即得往生　住不退転（すなわち往生を得て不退転に住する）」という。浄土に生まれたら不退転に住するのでしょう。文法的にはそういう意味です。

それを親鸞は、「信心を得れば、不退転に住する」とおっしゃるわけです。どうしてそういうことがいえるのかといえば、全部が如来のはたらきだから、如来の回向に値遇すれば、不退転に住するから、と。それを、龍樹（一五〇―二五〇頃）は「聞名不退（それ名《みな》を聞くことある者は、すなわち不退転を得と）」（『教行信証』「行巻」聖典一六五頁）とおっしゃる。名《みな》を聞けば不退転に住するということは、信心を得れば、不退転に住する、正定聚に住するということです。正定聚と不退転は同じことです。そうすると、浄土の功徳はわれわれに来るということ。それは、ある意味で、この煩悩の身に死んだという意味をもっている。願生、得生の間には、死ぬということが入るわけです。「前念命終《ぜんねんみょうじゅう》　後念《ごねん》即生《そくしょう》」（『教行信証』「信巻」聖典二五四頁）と、善導がおっしゃる意味は、前の命に死んで、後の命に蘇るという意味を、本願を信ずるということのなかに、もっているのだということです。

われわれは死なないのです。自力の思いが死なない。それで臨終に身が死ぬのを臨終だと思っている。宗教的死というのは、この身体が死ぬことではないのです。身体が死ぬということは、肉体が死ぬことであり、宗教的死とは違います。親鸞が押さえる死というのは、「本願に帰す」ということです。それは前の命に死んだという意味をもつ。それが、「綽空」という名をいただいたということであると私は思うのです。比叡の山での名前のままではなくて、新しい身になったのです。

法然も、天台の行者であったわけです。天台の源空なのです。その法然において、勝手に人に法名を与える資格があるわけではなくて、天台の学僧として、世間からはそれだけの地位があると見られているわけです。

しかし、綽空という名は、そういう意味ではない。綽空という名は、本願に帰すという名告りの可能性がある。この信念は、この世に源空がいなかったならば、自分は永久に流転したであろう。法然に出遇《であ》わなければ、本当に自力に死んで、本願に蘇るということはできなかったとおっしゃるわけです。

曠劫多生《こうごうたしょう》のあいだにも　出離《しゅつり》の強縁《ごうえん》しらざりき
本師《ほんじ》源空いまさずは　このたびむなしくすぎなまし
（「高僧和讃」聖典四九八頁）

と、和讃にいわれます。源空に値遇《ちぐう》することができた。ここに本願に帰することができた。そこに、いままでの命に死んだような意味をもつのだというのが、「至心回向」以下を「欲生心成就」と押さえた大事な意味でないかと思うのです。その綽空という名告りを、もう一度変えたということは、これはすごいことであると思います。

## 衆生がたすかる国土とは？

### ――法蔵菩薩独自の国土の願――

浄土の教えは、浄土という環境ですから、「仏」に対して「仏土」ということで、ちょうどわれわれが環境を感じて生きているように、仏が、仏の世界をもっている。そういうところから、仏土ということがいわれて、その仏土のはたらきは基本的には「自《じ》受用《じゅゆう》」、すなわち自らが受用するということだといわれてきました。つまり、如来は如来自身の環境を自分で楽しまれるというわけです。仏が覚りを開いて、自分の意識のなかに、仏の智慧のなかに、自分が生きている環境といいますか、自分を支えているさまざまなものを自分で受用する。自分でそれを楽しむ。「自受用法楽《ほうらく》」ということがあります。

われわれは、生きている環境に不足を感じたり、障壁や、窮屈さを感じたり、あるいは、そこに苦しみを感じたりするわけです。しかしそこも、如来が智慧を得るということ、つまり覚りを開いた如来にとっては、人間の煩悩が感ずる状況を一掃して、そこを本当に楽しむことができる。それを「法楽」というわけです。ですから、基本的には、仏土ということが考えられたときには、仏自身が感じている自分を取り巻く環境といってもいい、そういうあり方を語る。それが仏土、仏が仏土を感ずるというふうにいわれるわけです。

ところが、そこに「利他」という問題が出てきて、衆生を救う、衆生にも楽しんでいってもらえるような環境を与えたいというところから、「他受用《たじゅゆう》」という言葉が出てきます。人間存在は、一人あるのではなくて関係存在としてある。たとえ如来であっても、如来一人が生きておられるのではなくて、如来の周りに苦悩の衆生を感ずる。その苦悩の衆生に、自分が得た智慧の世界の喜びを分け与えたいということから、「利他」ということがいわれるわけです。「他」は衆生です。衆生を利益《りやく》したいと。その利他というはたらきを、仏の身体自身ももっているし、仏の感じている環境ももっているのだというところから、「他受用身」ということがいわれる。仏自身が何かをしなくとも、仏がそこにおられると、その仏の存在が人に対してはたらきをもつ。そういうことを「他受用身」というわけです。他によって受用される身。われわれでも、人との関係のなかに、その人が一人いるということにおいて、いないときとは違う人間関係ができるということは、よくある話です。

前にお話しした藤沢静文は地味な方で、自分から人に何かをしてもらうことを避けるような人間でした。お話し申し上げましたように、自分が病気であっても、見舞いに来てもらうということに対して遠慮する。あるいは、自分が亡くなって葬儀に来ていただく。それさえ、忙しい身で来てもらわなくともいいというふうに考えるような人間でしたから、生きているときでも、特別に、何かを強く他人にはたらきかけるというような人間ではなかった。けれども、どういうわけか彼がいると、自然に人の集まりができる。彼が特別に何かをするわけではないのだけれど、彼を取り巻いて人の輪ができるのです。幹事役とよくいわれますけれど、何かの集まりをしようとするときは、誰か縁の下の力持ちになって幹事役をする人間がいて、初めてできるわけです。ところが、彼の場合、そんなに強く幹事役をしたいという意欲をもっているわけではないのに、いつの間にか彼が幹事役になっている。そして、その周りに人が寄り集う。

人間でもそういうことがあるわけで、特に仏陀であれば、仏陀がそこにおられるというだけで、仏陀のもっている智慧のはたらきが、衆生に何らかの作用をしていくというところから、「他受用の身土」ということがいわれてきたわけです。

お姿で考えると、お釈迦さまはもちろん説法もなさったわけですが、毎日の仕事は乞食《こつじき》をするということです。乞食とは、食を乞《こ》うことです。その日の食事を、働いて食料を確保するような人びとから分けてもらう。釈尊のような智慧をもたない人間にとっては、分け与えることが、釈尊に食を布施することが、功徳を得ることになるのだという。釈尊自身は、自分の身を養うために食事をもらって歩くかたちなのですけれども、相手の衆生は、釈尊に布施をするということで布施を喜び、布施によって得る精神的な利益《りやく》がある、という信念で乞食をして歩かれたわけです。

これは、現代の資本主義というか、商業ベースの考え方では思いも及ばないことですけれど、布施をすることが、布施をする人間に喜びと利益を与えるというのが、釈尊の乞食の生活の意味です。そして、自分だけではなくて、自分の教えを聞くために出家してきた行者には、みんなその生活をさせるわけです。それが、衆生の利益になるのだとする生活です。そのかわり、食が与えられなければ、一日得られなければ、一日食べずと。乞食をするからには、その覚悟が必要です。食べられなかったらどうしよう、などという心配をしているようでは、行者になる資格がない。もらえなければ、それは、もらえないのが当然だとして、その一日は食べない。そのかわり、布施をいただいたからといって、いちいち御礼はいわない。人が喜んで布施をしてくださるのだという、そういう姿勢を貫かれた。それが仏陀の姿勢なのですが、存在自身は「他受用」、つまり存在が身を運んで歩かれるということで、そこに寄り集う人間は、衆生は利益を得るのだと。それが他受用身という概念を生んできたわけです。

われわれは、お釈迦さまに遇うことはできませんけれど、例えば、お釈迦さまの木像を見るだけで、それ自体は木だけれども、木像を見るだけでわれわれは利益を得るということがあります。お姿を見、お顔を見ると、ああ、素晴らしいなあ、と。人間にはない、何かはたらきを感ずる。でも、実際木像は何もしていないのです。何もしていないのですが、木像という存在がそこにあるだけで、われわれはそのはたらきを受ける。そういうことが、他受用身という概念になってきたわけです。

そして、その環境、仏陀がもっておられる環境は、それにふれる衆生に他受用、つまり、衆生に受用される環境にもなるということです。これを「他受用の土」という。こういう考え方が出てきたことから、土のはたらき、つまり、国土のはたらきを強調して衆生を利益する。つまり、利他のはたらきを、国土をとおしてはたらこうという考え方が、法蔵菩薩の願心を生んできたのだろうと思うのです。自分が悟りを開いて、そこにいるだけで、もちろん利益を与えるという考え方があるわけですけれど、それよりも、衆生を救い摂《と》るような、あえて「国土を建立する」という願を出してきた。これが法蔵菩薩の願、本願といわれる願の独自の意味です。

「別願」といわれますけれど、他の菩薩や仏がもつ願、自分がさとりを開こう、自分が煩悩を断《た》とうという「四弘誓願《しぐぜいがん》」（衆生無辺誓願度《しゅじょうむへんせいがんど》・煩悩無尽誓願断《ぼんのうむじんせいがんだん》・法門無量誓願学《ほうもんむりょうせいがんがく》・仏道無上誓願成《ぶつどうむじょうせいがんじょう》）にあるような願が一般的な菩薩の願なのですけれど、それよりも、本当に衆生を救い摂るような国土を考え抜いて、その国土で衆生を救っていこうという願を吟味した。これが「選択《せんじゃく》本願」といわれる、他の仏や菩薩にはない法蔵菩薩の願の独自性です。それが、四十八願の独自の意味です。「国土の願」といわれる、それが浄土である。その浄土はどういう国土であるべきなのか。どういう国土を語りかければ、衆生はその国土でたすかっていくのかということです。このために、法蔵菩薩は五劫《ごこう》の間、思惟《しゆい》されたという物語になっているわけです。「五劫思惟之摂受《ごこうしゆいししょうじゅ》」（「正信偈」聖典二〇四頁）と、国土を生み出す。国土を建立したら、国土そのものが衆生にはたらくわけです。国土がはたらくのを黙って待っているだけではなくて、その国土の利益を積極的に衆生に与えたいと考えられたのです。

## 浄土の功徳を衆生に与えるための名号

浄土を建立するだけではなくて、浄土の功徳を衆生に与えるためにはどうしたらいいのかと、法蔵菩薩はお考えになった。その利他の願いの強さといいますか、救い遂げずにはおかない大悲がはたらく。普通は、単に国土を建てて待っているという、そういう願いだというふうに考えられた。そして、その国土をよく観察《かんざつ》しなさい。そうすれば、国土の利益を受けることができますよ、というような浄土教の理解があったわけです。ところが一般的な人間の努力でふれていこうとする理解に対して、いやそうではないと。衆生の努力とか、能力とか、行じた時間の長さとか、そういうことを問わず、あらゆる衆生にこの利益を与えたいという、そういう如来の大悲が案じ出した方法で、思案して選択した方法が「名号」であるというのです。「ナンマンダブツ」と口称することを衆生の方法として選び取って、浄土の利益を与えようとする。これが、阿弥陀如来の本願の独自のかたちである。阿弥陀如来は、名号の願を立てた。南無阿弥陀仏という名を念じてほしい。わが名を念じてほしいということを、浄土の功徳を衆生に与えるための方法として選び出されたのです。

だから、国土を建立するということも、普通であれば、仏が覚りを開けば、国土はおのずから開ける。国土とは何かといえば、仏の覚りの内容だといわれる。仏国土ということは、例えば、『摂《しょう》大乗論《だいじょうろん》』などの一般の論であれば、覚りを開いた存在には、おのずから国土が開けていく。だから、あらためて国土を建てようという願はない。そういう願を立てなくても、国土は生まれて、それが人にはたらいてくる。ところが、あえて法蔵願心は、国土を建てようという願を選び取って、そして願によって浄土を建てて、建てた浄土の功徳を衆生に与えるために、名号という方法を選び取ったのです。

こういうところに、阿弥陀独自の意味がある。そのことが、歴代の仏教を求める求道者たちに信じられ、行じられて、念仏の方法というものが伝承されてきた。その国土の功徳を衆生に与えたいという願が、実は、法蔵菩薩の本願の非常に大事な意味なのだということを、天親の回向門というものが教えている、ということに気づいたのが親鸞です。

## 人間の慈悲の限界と大慈悲から生まれた浄土
### ――たすかる術のない衆生をもたすけん――

五念門の「礼拝《らいはい》」「讃嘆《さんだん》」「作願《さがん》」「観察《かんざつ》」（『浄土論』聖典一三八頁）という自利の四門に対して、自利の功徳のほうは、「近門《ごんもん》」「大会衆門《だいえしゅもん》」「宅門《たくもん》」「屋門《おくもん》」（同一四四頁）と名づけられています。つまり、まずは大涅槃に近づく。その大涅槃の功徳が、家の如くに衆生の環境になってくる。そういうことが、結果としていわれています。

観察門の内容とは、浄土の観察をすることによって浄土のなかに入る。浄土が家のようになる。そして、部屋のようになるというところまで語って、そこまでくると、「回向門」としてこれが衆生にはたらき出すということです。その回向門のところに、「回向を首として大悲心を成就することを得たまえるがゆえに」（『浄土論』聖典一三九頁）と、天親が述べている。そして、天親は「性《しょう》功徳」で、「正道大慈悲《しょうどうだいじひ》　出世善根生《しゅっせぜんごんしょう》」（同一三五頁）と、浄土は大慈悲から生まれてくるということを偈文《げもん》の言葉で書いています。この「大悲」という言葉を、曇鸞が「大悲即出世善也。安楽浄土従此大悲生故。故謂此大悲為浄土之根故曰出世善根生（大悲はすなわち出世の善なり。安楽浄土はこの大悲より生ぜるがゆえなればなり。かるがゆえにこの大悲を謂ひて浄土の根とす。ゆえに出世善根生と曰《い》うなり）」（『浄土論註』真聖全第一巻二八八頁、聖典三一五頁）と、浄土を生み出すもとが大悲であるといわれる。つまり、浄土とは何であるかといえば、三番目の功徳として、性功徳、大慈悲から生まれたものが浄土なのだと語っています。

そしてまた、曇鸞は「大慈悲」ということを、「「正道大慈悲　出世善根生」者、平等大道也、平等道。所以名為正道者、平等是諸法体相。以諸法平等故発心等、発心等故道等、道等故大慈悲等。大慈悲是仏道正因故。言正道大慈悲、慈悲有三縁。一者衆生縁、是小悲。二者法縁、是中悲。三者無縁、是大悲（「正道大慈悲　出世善根生」は、平等の大道なり。平等の道なればなり。名づけて正道とするゆえは、平等は是れ諸法の体相なり。諸法平等なるをもってのゆえに発心等し。発心等しきがゆえに道等し。道等しきがゆえに大慈悲等し。大慈悲はこれ仏道の正因なるがゆえに「正道大慈悲」といえり。慈悲に三縁あり。一には衆生縁、これ小悲。二には、法縁、これ中悲なり。三には、無縁、これ大悲なり）」（真聖全同頁、聖典三一四—三一五頁）と、無縁の大悲であるというのです。それは龍樹の『大智度論』にもあります。

有縁の慈悲が衆生の慈悲だと。衆生縁の慈悲という言い方をします。人間がもつ心、それは他との関係を生きている人間が、他に対して憐れみを感ずる。他に同心するといいますか、他の痛みに同感することが、人間存在にとって非常に大事である。仏教ばかりではない。憐愍《れんびん》の情ということは、中国の儒教などにもあるわけです。儒教などでは、「仁」ということを大事な概念とします。キリスト教では、「愛」ということを非常に大事な人間の心とします。何か他の存在に同感して、他の痛みを分かち合う心をもつということは非常に大事だと教える。それを教化し教えるということが、文化の基底になっています。

それはどうしてかというと、よくわかりませんけれど、どうしてかというよりも、何か人間が、他と共に生活して他を感ずるというときにもつ心を大切にしようということが、人間の文化にはどこにでもあるのです。だから、それを無視することはできないし、むしろ他の痛みのために身を動かしたり、時間を割いたりすることが人間に喜びを与えてくれる。看護師さんや介護士さんが、病人や老人に関わっておられる姿を見ますと、やはり、交互にはたらき合っている。そういうことが大事だということをつくづく思います。一方的ではないのです。それは、衆生が感ずる慈悲、「衆生縁の慈悲」ということでしょう。

けれども仏教は、大切な衆生縁の慈悲だけれども、それに対して如来の大悲ということをいうわけです。つまり、衆生縁の慈悲は、たとえどれだけ大事であっても、有限であるという限定は逃れがたい。有限であるということは悪いという意味ではなくて、有限であるということは悲しいことであるというのです。親鸞は、

小慈小悲もなき身にて　有情《うじょう》利益はおもうまじ
如来の願船いまさずは　苦海をいかでかわたるべき
（「愚禿悲嘆述懐和讃」聖典五〇九頁）

とおっしゃるわけで、本当に小さな慈悲というものすらない身であると。小さい慈悲を実践して本当に衆生をたすけることのできない身であるという悲しみ。これは慈悲がないからといっているのではなくて、慈悲を起こさなければいけない、あるいは起こしてもそれを本当に満たすことができないという悲しみ。これが、「衆生縁」というものがもよおす慈悲の限界であるとおっしゃいます。

それに対して大乗仏教は、「中悲」「大悲」という概念を立てる。中悲は理念的な愛といいますか、理念的な慈悲、さらに「大悲」は無縁の慈悲、つまり、縁がなくてももよおすような慈悲が如来の慈悲、無縁の慈悲というわけです。

曇鸞が、浄土の慈悲というのは、「無縁の大悲」のことだとおっしゃっています。無縁というのは、縁のある衆生だけをたすけようというのではない。あらゆる衆生をたすけよう。縁がないような、「罪悪深重煩悩熾盛《ざいあくじんじゅうぼんのうしじょう》」（『歎異抄』聖典六二六頁）といいますけれども、本当にたすかる術《すべ》がないような衆生をもたすけたい。こういうことが大悲なのだということを、曇鸞が註釈しています。

つまり、如来の大悲が、どれだけ大きな慈悲かということをいうために、人間の心がもよおす慈悲を相対化するわけです。人間としては、そういうものを絶対化したいけれども、絶対の心はない。状況としても相対有限であるし、時間的にも相対有限である。そして、本当のことがわからないということがあります。本当のことがわからないから、心はたすけたくても智慧が足りないというか、そういうことには限界があるわけです。

先に紹介した藤沢静文がたまたまかかった医者が、われわれの同級生の内科医でした。その内科医の専門は膵臓で、その権威でもありました。現在は、もう名誉教授になっておりますけれども、東京女子医大の内科の教授であったわけです。たまたま彼は同級生ですから、彼に頼んで診てもらった。その時点で、現代の医学の技術ではたすけられない、そういう状況であったようです。彼はもう引退しておりましたから、自分の後輩である教授に頼んで、あらゆる方法を検討して、処置をしてもらった。効くと思われる一番良い薬も取り寄せてくれたのでしょう。しかし、だめなものはだめなのです。結局、亡くなっていかれた。そういうことが有限ということです。限りある知恵でしかない。限りある力でしかない。たすけたいという願いがないわけではないけれども、できない場合がある。むしろ、できない場合のほうが圧倒的に多い。こういうことを有限の慈悲というのです。

それに対して、如来の慈悲というのは無縁の慈悲というのですから、どのような状況でもたすける。そうなると、いわゆる、人間がたすけたいというたすけ方と、同じであるはずがない。人間が生かしてほしいと頼めば、仏さまはどのような状態でも生かしてくれるのか。そういう意味ではない。だから、たすけ方が違ってくるのだろうと思いますけれども、ともかく人間の願いに対して、如来の願いの大きさということを大悲といっている。それがありますから、回向門のところに、「回向を首として大悲心を成就することを得たまえるがゆえに」（『浄土論』聖典一三九頁）と述べられている言葉に親鸞は注目をなさった。大悲心、これは如来の回向であると。衆生が、大悲心で回向するということは不可能である。だから、天親が書いている「回向」という言葉は、これは『無量寿経』の菩薩の心、つまり、法蔵菩薩の心だと読んだのです。

## 荘厳から回向へ
### ――願心の根源から『無量寿経』の本願を見直す――

これは先ほど申しましたように、生み出した浄土の功徳をすべて衆生に与えたいという、利他の願いが「回向」という言葉でいわれているのだと思います。浄土の功徳は、仏の国土の功徳ですけれど、仏の国土の功徳を衆生の場所にしたい。親鸞は、こういう願いが『無量寿経』の本願の本質であると見られた。浄土を荘厳したいという浄土荘厳、国土荘厳の願、つまり、浄土を生み出したいという願が法蔵菩薩の願のかたちであるとされたのです。さらには、利他の願い、つまり、衆生を救うために国土をつくる。阿弥陀が自分で満足するために国土をつくるのではない、自分が満足するとは衆生をたすけることだというのが「十方衆生」と呼びかける阿弥陀の願です。衆生をたすけることが阿弥陀の願である。だから、「摂取不捨が阿弥陀だ」という善導の註釈があるように、摂《おさ》め取って捨てない、衆生をたすけたいということが、阿弥陀自身の願の本質だと。それなら、利他こそ阿弥陀の本質だと。それを、親鸞聖人は「回向」という言葉に見いだしたのです。

阿弥陀が阿弥陀になることは、阿弥陀の目的ではない。阿弥陀は衆生をたすけて、自分自身が一切の衆生をたすけるような仏になろうと。それは、回向ということが阿弥陀の本質だというふうに見たわけです。

そこから、親鸞という人の浄土教の見直しが起こったわけです。浄土教は、国土があって、そこに念仏して往くという、念仏往生ということが浄土教の救いになっている。そういう浄土教の構図、つまり、如来が浄土、国土を建立して、衆生をたすけたいと念仏をくださった。念仏して浄土に往く。こういう浄土教の構造に見えるけれど、本願に尋ね入れば、浄土をつくって待っていることが如来の本願ではない。浄土の功徳を衆生に与えたいということこそ、阿弥陀が名となって、衆生に呼びかけることの本当の意図だということから、この回向に立って本願を見直す、こういう発想をされた。そして、本願成就の文、第十一願、第十七願、第十八願という本願成就の文は、本願のなかの中心である。四十八願のなかで、第十一願、第十七願、第十八願こそ回向の内容だと。こういうふうに見抜いていかれたのです。

これは、親鸞という人の思索がそれまでの浄土教のかたち、つまり、阿弥陀さまが浄土を建てて待っていてくださる、だから、われらは愚かな衆生だけれど、念仏していれば死んだら必ず連れていってくださる、そういう構図であった浄土教を、如来の願心の根源から回向に立って『無量寿経』の本願というものを見直すという、そういうお仕事を自分の課題とされた。

これが、「荘厳から回向へ」というテーマで考えたいことです。私は昔、「荘厳の願から回向の願へ」という論文を書いたことがありますが、荘厳の願というのが、法蔵菩薩の願の大事な一つのかたちです。つまり、国土を生み出そうという願であったのだということです。

## 国土をつくりたいという人間の深い願い
### ――選択本願は回向の願――

安田理深先生は、法蔵菩薩が国土を生み出そうとしたというけれど、国土を生み出そうというのは人類の悲願なのだとおっしゃいました。人間は、衆生として生きていて、わが国土をもちたい、わが国土のために生きたい、わが国土のためにはたらきたい。そういう願をもっているのだ、という言い方をなさいました。そして、わが国土というと、われわれはすぐに近代国家をイメージしますけれども、近代国家は間違った国土であったのだともおっしゃいました。

民族国家といいますか、一言語国家といいますか、実際は、近代国家は民族国家ではないのです。ヨーロッパの国家というものは、それぞれ何かの利権で集合して、まとまってつくっていますけれど、例えば、スイスという国では、四ヵ国語が使われているという。ドイツ語圏とイタリア語圏、フランス語圏とロマンシュ語圏とがあってスイスという一つの国になっている。まあ、典型的な場合ですけれども、民族にしてもいろいろある。そういうものを一つの国土、国家という名前で束ねているわけです。政治的な意図でつくった国境線、その近代国家がそれまで自由に砂漠を行き来していたアラビア圏に入って行って、ラインを引いた。ここからが違う国だと。イランとイラクはここで分かれるというので、国境線を引いていった。つまり、近代国家は、近代に入って近代国家、国民国家といいますか、そういう国家概念をつくってきた。そのイメージがわれわれにあるから、人間が国土をつくりたいのだなどというと、何かナショナリスティックな、戦前の日本国家のようなイメージをもってしまうけれど、そういう意味ではありません。

近代国家も、国土をつくりたいという人間の深い願いを利用したというか、それに乗って一つの覇権の及ぶ範囲を確定していったといってもいいかもしれませんが、なるほどインドや中国の歴史をみても、それぞれの国が、そういう一つの国土というものをつくろうとしては失敗し、つくろうとしては失敗しという歴史なのではないか。日本もそうでしょう。武士階級が興り、われこそが国をつくろうとしては戦争を起こし、失敗してきた。そういう意味では、国というものはどういうものが国なのか、本当はわからないのですが、近代では、憲法というものをつくって、国という概念規定をして、国という権力を正当化していこうとする。国ということで何かまとまりというか、自分という個人が支えられる場所がほしいといいますか、そういう要求を深く人間はもっているのだと、それを掘り下げたのが法蔵願心だと、こういうふうに、安田先生はおっしゃっていました。

その国土建立の願を吟味して、そして、その国土を生み出し、その国土を衆生に与えたいと。だから、単に念仏を選んだというのではなくて、本願全体が、衆生にこの国土の（一如真実）の功徳を与えたいということが、念仏を選んだのだと、こういうふうに見られた。選択本願は回向の願だと見たということが、親鸞の独創的な見方になるわけです。

それが一つの物語になるわけです。如来の本願が衆生を包み、衆生全体を摂取不捨するということがいわれますけれど、阿弥陀という名のなかに摂め取って捨てないという願が動いて衆生を救うのだと、そういうふうに本願の救いをいただく。それこそが、阿弥陀の本願の大きなはたらきであり、阿弥陀の本願の救いであると。こういうふうに見て、そして、浄土の教えの言葉を編成し直していかれたわけです。しかも、この根には回向門があります。この回向門について曇鸞大師は、「往相の回向」と「還相の回向」を見たわけです。往相の回向は、浄土に往かしめるはたらきだと。そして、その浄土の功徳をもって、苦悩の衆生の娑婆で遊ぶが如くにはたらかしめるのだという。そういう循環的な本願のはたらきがあります。

加藤周一という評論家が、時間について「西洋的な時間は、直線形だ」とおっしゃいました。よくいわれるように、キリスト教の時間論は神さまが世界を創って、そして滅亡に至るまで一直線です。その真っすぐということを近代の科学的文明は、進歩という概念で作り替えたわけでしょう。何かそういう時間で、時間が直線形であるとおっしゃった。

それに対して、「東洋の時間は、循環形だ」とおっしゃっているのです。直感的にそういうことをいうところが加藤さんの頭のいいところですけれども、確かに、東洋の時間は循環形である。そういうものにふれて、例えば、ニーチェ（Friedrich Nietzsche　一八四四―一九〇〇）が、「運命愛」というようなことをいうときには、これは流転だと。流転ということは、転がり転がって、またまた苦悩の命に戻っていくというか、命は、人間に生まれたり馬や猫に生まれたりしながら、繰り返し繰り返し、命を生きるのだという。「永劫回帰」だと。それは、一回限りの、直線形の時間ではなくて、繰り返す時間です。螺旋形のように、繰り返す時間。東洋には、そういう一面が確かにあるわけです。

それを、迷いの繰り返しであったと見る。仏教はある意味で、その迷いの命を断ち切って、仏陀の智慧を通して見たときには、苦悩する繰り返しではなくなるという。そういう智慧を得るのが仏陀の宣言であるというわけです。また仏陀は自分一人が覚りに入ってしまったのではなくて、自分の家族や親類、知人らのいる場所に帰ってきて、そして共に歩もうと、そういうふうに立ち上がられた。それを「如来」というのです。如から来て、如へ往くという。如来《にょらい》、如去《にょこ》といって、如のままに止まるのではなくて、如から来るという。つまり、一方的に往ってしまうのではなくて、帰ってくるのだと。こういう生き方をなさったというところから、「菩薩道」ということがいわれてきて、菩薩道というのは、自分が覚りに向かっていくということのなかに、迷いを自分だけが晴らすのではなくて、衆生の迷いと共に歩んで、衆生の迷いを晴らしていくという課題が常について来る。それを「自利利他」という言葉で表すわけです。

## 衆生空間の全体を支える大悲

自利には必ず利他が付いてきます。親鸞は、『教行信証』に『浄土論註』からの引用として「「菩薩《ぼさつ》は四種の門に入《い》りて、自利の行《ぎょう》成就したまえりと、知るべし。」「成就」は、いわく自利満足せるなり。「応知《しるべし》」というは、いわく、自利に由《よ》るがゆえにすなわちよく利他す。これ自利にあたわずしてよく利他するにはあらざるなり、と知るべし」（「行巻」聖典一九三頁）と書いておられます。自利なくして利他はない。利他なくして自利はないと、天親の「自利成就」と「応知」という言葉を曇鸞が釈しておられます。自利利他は、交互に関係し合う概念です。だから自受用身は、必ず他受用身ともなる。自分だけが悟りを開くということはあり得ない。自分がさとりを開くということは、必ず他にその影響を与えるのだということです。

それを、さらに積極的に、自分が道を求めることが同時に他の衆生をも道に導き入れ、自分が道を歩むというよりも、あらゆる人が道を歩んでいることのあり方を見抜いていくといいますか、そういうことが、『華厳経』などでは積極的にいわれてくるわけです。「菩薩道とは何ぞや」といえば、求道者だけが求道しているのではない。世間生活をしている人びとに、みんなその求道性があるのだと。「菩提心とは何ぞや」ということを、商人のところであろうと工芸者のところであろうと、あるいは女性のところであろうと聞くというのが、『華厳経』の物語になっています。そういうふうになってくると、迷いから悟りへ一直線に行くのではなくて、むしろ、生きていること全体のなかに方向性を孕《はら》んで、一緒に生きていくということの課題があるのだと。こういうことがいわれるわけです。

個人で思いを立てて、有限なる個人の状況で実行しようとしたら雲散霧消してしまうというか、一直線の方向であれば、ある意味で、ずっとそちらの方向に行くということがはっきりするわけです。迷いのなかに入ってくるということは、無方向性になってしまう。だから、現代の日本の仏教が堕落仏教であるなどといわれますけれど、それは、方向がわからなくなってしまうからでしょう。そういうことが、ありうるわけですけれども、親鸞は、本願の大悲というものは、単に国土を建てるためではない。むしろ、その国土の利益を衆生に与えたいという。その願いを衆生が聞いたならば、衆生は、単に浄土へ往ったらたすかるのではなくて、浄土の功徳をもってこの世を生きることができるようになるという。そういうことが、この阿弥陀の摂取不捨のはたらきによるのだということが、親鸞の強い信念となっていったのだろうと思うのです。

その根拠が回向です、如来の回向です。如来の回向に値遇して、そして願作仏心を生きる。それは、そのまま「安楽浄土にいたるひと　五濁悪世にかえりては　釈迦牟尼仏のごとくにて　利益衆生はきわもなし」(「浄土和讃」聖典四八〇頁)という意味をもっているのだと。こういう深い大悲に対する信頼は、個人の仕事としてやるかやらないかではなくて、個人の意味を支え、個人が生きている衆生空間というものの全体を支えるような大悲に共に生きていこうとする。そういう眼が親鸞に開けていったということです。

私は、親鸞が聖徳太子のもとに百日参籠するときの課題のなかに、こういうことがすでにあったのだろうと思います。浄土の教えというものの意味が、単に個人を救うのではない、十方衆生を救いたいという願いであり、われわれはそれを聞かなければならない。けれども現実には、自分は何もできないという、そういう苦悩のなかに親鸞はあったのではないかと思うわけです。

当時、聖徳太子は神話化されていて、この日本に生まれた観世音菩薩だと信ぜられており、いわゆる「太子信仰」というものが広く信じられていた。そういうこともあったのですが、それに加えて、聖徳太子という人は在家の方であり、政治家でした。政治家として十七条憲法をつくったような方ですから、衆生を大悲して、貧しき衆生をたすけたいという願いで政治をしようという方であった。そこに、願かけに行くということの意味――親鸞の悩みの意味――があるのではないかと思います。そして、九十五日のあか月に法然のもとに行けと感じ取られて、法然を訪ね始められた。百日通って門下になったという（『恵信尼消息』聖典六一六頁参照）。その百日の吟味と、そして、門下になって四年目に『選択集』の付嘱にあずかったという（『教行信証』「化身土巻」聖典三九八―三九九頁）。

ただ、この期間の親鸞の思想的な歩みというか、吟味というか、それがどういう内容であったのかということはほとんどわかっていません。それについて親鸞ご自身が何も書き残されていないし、親鸞を取り巻く周囲の人たちの文書もない。そういうことで、実際はよくわからないのですが、ともかく当時、専修念仏は繰り返し弾圧を受けておりましたから、比叡山から睨《にら》まれ、南都北嶺から睨まれていたわけです。そして、天皇制からも睨まれている。どうしてそのように睨まれたのかということも、一つの疑問です。敵対行為をしたわけではない。なかには、わざと聖道門仏教に議論をふっかけていくという人もいたかもしれませんけれど、あえて敵対行為をしないのに、いつも、なぜか敵視されている。これはどうしてか、という問題がいまだによくわからない。

## なぜ弾圧するのか
### ——庶民が自分の尊さを自覚する教え——

二〇〇七年の春、年に一度の親鸞仏教センターの研修旅行で、鹿児島県の「かくれ念仏」を訪ねました（かくれ念仏——薩摩藩において浄土真宗が禁止されたにもかかわらず、密かに伝承された念仏の信心のこと）。

私は、かなり以前に鹿児島には行ったことがあるのですが、再度訪問して感じたことは、「かくれ念仏」をもう一度発掘しようという努力がなされていて——確かに、観光化しているという面もありますが——、随分その事跡が掘り起こされていました。真宗大谷派の鹿児島教務所も訪問しましたが、一生懸命にやっておられました。西本願寺（本願寺派）も掘り起こしに努力をなさっておられました。

あるかくれ念仏の「がま」（洞穴）の解説には、次のようなことが書かれていました。

その「がま」は、山の中に穴を掘ってつくられていて、正面に小さな穴、ちょうど人間一人がはいつくばって入れるぐらいの穴があいています。その狭い穴をくぐり抜けていくと、中にはちょっとした広い空間がつくってあり、そしてまた、他の方向に同じような大きさの穴がつくられている。それはなぜかといえば、もし、正面から逮捕に来たら、すぐ他の方向から逃げられるように工夫されているのです。入口もわからないようにしてあるし、もう一方の出口もわからないようにしてあって、見張り番がいつも立って、そして真夜中に集会をもったそうです。しかも、新月の夜や月の明かりがないときに集まったのです。村の周囲には竹籔が多いので竹藪で集会をもったと。なぜ竹藪でもったのかといえば、誰かが来たとすると見張り番は竹やぶに向かって石を投げる。すると、石が竹に当たって、キンコンカーンと鳴る。その合図で逃げることができたということです。そういうところにまで注意をして、かくれ念仏は非常に厳しい監視と弾圧のなかを潜り抜けてきた。弾圧は江戸幕府が開かれる前から始まって、江戸幕府が終わっても、まだ続いていたそうです。三百年以上にわたって、何千人という人びとが殺されている。村が全滅になっている場合もある。そういう目に遭いながら、大事な念仏の教えを伝えてきた。

しかも、弾圧されてもされても生き延びていくこの不思議な事実。なぜ弾圧するのかということについても、どうもよくわからない。南無阿弥陀仏の信仰をもって、浄土信仰をもって家の中に仏壇を祀ると、すぐに弾圧するわけです。だから隠れて、家の柱の中を刳《く》り抜いて、小さな仏さまを彫って上から元通りに覆い、密かに柱を拝む。見たところは何もない。こういうことは子どもには絶対に言わないで、成人してから吹き込むわけです。子どもがうっかりしゃべってしまったら見つかってしまいますから。集会に行くときには、「ちょっと怖い鬼に会いに行くから」とか言って、子どもを脅《おど》して付いて来ないようにしたなど、そういう話が伝えられているわけです。

なぜ、それほどまでに弾圧しようとしたのか。念仏を信じる者は、例えば、お米を供出しないとか、集団で抵抗して武力蜂起をするとか、そういうことをしたわけではありません。あえて敵対行為をするわけではないにもかかわらず、弾圧する。この原因がよくわからない。法然上人のときからそうなのです。

例えば、聖徳太子は十七条憲法に、「五つに曰《い》わく」として、「すなわち財《たから》有るものが訟《うったえ》は、石をもて水に投ぐるが如《ごと》し。乏《とも》しき者《ひと》の訴《うったえ》は、水をもて石に投ぐるに似たり」（聖典九六四頁）といわれる。石に水を投げかけてもほとんど影響がないが、富めるものの訴えは、石を水に投げるが如くに、またたく間に波紋が広がると。

聖徳太子の言葉は、政治をする者は貧しき者の心になれ、といっているわけですけれども、普通は、そうではない。聖徳太子のような心をもったら、権力者側には立てない。つぶされてしまう。殺されてしまうということになるのだろうと思うのです。聖徳太子の一族は、全滅させられたといいます。それは結局、権力を握って牛耳っていこうとする側からすれば、やはり邪魔なのでしょう。そういうことが、本質としてあるのではないか。だから、法然の教団が武力蜂起をするはずはないのですけれど、教団があるだけで危険視するわけです。

あることないことを言って弾圧していく。だから、親鸞が入門して六年目に弾圧されたのも、後鳥羽上皇の女房が外泊したからという口実がまことしやかに伝えられています。これも、本当かどうかなどということはよくわかりません。たとえ、本当であっても、天皇の女房は大勢いるわけだから、一人や二人が外泊したからといって、流罪にしたり死罪にするなど、そのようなことまでしなくともいいわけでしょう。しかし、ここぞとばかりに、本当にあったかどうかわからないけれど、まつむし

（松虫）・すずむし（鈴虫）たちに何かあったことになっています。まつむし、すずむしの寺が京都にはあるのですけれども、あれは物語なのです。たとえ、あったにしても、それで、なぜ四人も死罪にして、そして親鸞や法然を流罪にするなどと、そのようなひどいことをするとは、いったいどういうことなのかと思うのです（章末九五頁の注参照）。

それは結局、庶民のなかに、庶民が自分の尊さを自覚するような教えを説くということが、貴族側や天皇家側にすると、それだけでもう許せないというか、弾圧したくなるのではないでしょうか。どうもそうとしか思えない。徳川家康は、「見ざる、聞かざる、言わざる」と言ったけれど、とにかく見て、聞いて、言い出すと、もうそれだけで弾圧する。そういうところが、どうも人間の一面にあるのではないかと思います。

親鸞は、そういう意味でいうと、聖徳太子の心根に近いものを自分のなかにも感じていたから、聖徳太子を自分の父母の如くに感じて、一生を生きられたのでしょう。「聖徳太子和讃」のなかに、

聖徳皇《しょうとくおう》のおあわれみに　護持養育たえずして
如来《にょらい》二種の回向《えこう》に　すすめいれしめおわします
（「皇太子聖徳奉讃」聖典五〇八頁）

とあって、二種の回向は聖徳太子の教えだということが書いてあります。

これは、聖徳太子が書かれた文献のなかに、本願の教えとか、『無量寿経』の教えについての言葉

があるというわけではありません。聖徳太子の作だといわれている、大乗の三部作である『法華経《ほけきょう》』『維摩経《ゆいまきょう》』『勝鬘経《しょうまんぎょう》』の三経義疏《さんぎょうぎしょ》には、本願にふれるということはないわけです。大乗の精神で書いてはいる。しかしまた、これらも聖徳太子が書いたものではないという学者もいます。いずれにしても、本当のところはよくわかりません。ともかく書かれてある文字のうえでは、聖徳太子が念仏を称えていたという保証はどこにもありません。しかし、親鸞は、自分の求道のなかに、聖徳太子のお心によって導かれて、如来の本願は二種の回向だというふうに聞き当てられた。親鸞は、これは聖徳太子の思し召しだと感じられたわけでしょう。

その時期については、一般には流罪《るざい》以後だといわれています。なぜならば、親鸞の人間像は、上述のように比叡の山で二十九歳までは勉強らしい勉強はしていなかった。法然のもとに入門してから勉強を始めた。だから、五年ほどの学びで回向などということに気づくはずがないという、そういう理解だから、流罪以降、天親、曇鸞を勉強して、それで流罪が解けたときに――流罪が解けたのは、親鸞が四十歳のときです――、「非僧非俗《ひそうひぞく》」で、「『禿《とく》』の字をもって姓《しょう》とす」（『教行信証』「後序」聖典三九八―三九九頁）、そのときに親鸞と名告《なの》ったのだと、こういわれています。何となくそういわれているのです。親鸞がそう書いているわけではありません。

## 親鸞という名告りの意味
### ――回向こそが本願の中心目的――

親鸞は、確かに「「禿」の字をもって姓とす」(『教行信証』「後序」聖典三九八―三九九頁)と書いています。禿の字をもって姓とすということは、姓は家の名前です。日野家とか藤原家とか、何々家という、それが姓です。名というのは、その下に付く個人の名前です。だから、親鸞自身は、自分は家を捨てて出家したのに、流罪になるときに藤原の姓を与えられて、罪人としての生活をした。そして許されたから、自分で名告りをもってよいと、こういわれた。そのときに決断して、もう一度、出家の名告りをとることもできるし、昔の姓に戻ることもできる。どういう立場をとってもよいといわれたときに、あらためて禿の字をもって姓とすと、こう名告られたのです。

だから、禿という名をもったということは、家庭をもち、家をもつという宣言です。当然、そのときには親鸞は結婚しておられて、子どももいますから、そういう意味で、家族の名と、家族全体に禿という名をもつということです。個人の名告りについてはふれていない。『教行信証』では、そこにおいて親鸞と名告るとは書いていません。それで、親鸞の名告りは天親、曇鸞から来ているということは誰もがいうわけですが、天親、曇鸞から来ているといえば、いまの回向の問題以外にはないわけです。

『浄土論』『浄土論註』の学びからいただいた本願の見直し、本願が荘厳するところ（浄土）が中心ではない。回向こそが本願の中心だと親鸞はいう。こういう指示を、おそらく聖徳太子の夢のお告げを受けて、天親、曇鸞を中心にして、本願の教えを見直そうという眼をもって名をもったということです。

名をもったといっても、これも誤解が多いのですが、仏弟子の名告りというものは、例えば、出家授戒の作法に立ち会える僧侶というのは、かなり地位が高い僧侶なのですが、そういう僧侶に認められて戒名をいただくわけです。仏弟子になるための名をいただくわけです。それを親鸞は、前述のように、比叡山の修行僧の立場に死んで本願の行者に蘇ると。新たに法然を師として自分の僧侶としての生活をし直すという決断をして、法然からおそらく「綽空」という名をいただいたのだろうと思われます。これは私の推測で、親鸞が書いているわけではありません。『選択集』の付嘱を受けたときには、「釈の綽空」と書いていただいたと『教行信証』の結び（後序）に書いておられます。『選択集』を全部書き写して、法然のところへ持っていって、真影の図絵を許されたと。法然の絵像を写してよいといわれて図画し、それを法然のもとに持っていくと、その真影に讃を書いてくださったと。それに続いて、綽空という名をいただいたにもかかわらず、「綽空の字を改めて、同じき日、御筆をもって名の字を書かしめたまい畢《おわ》りぬ」と、新しい名前を書いていただいたと書いている（『教行信証』「後序」聖典四〇〇頁参照）。

この「名の字」について、私はいくつかの場所で繰り返しお話ししておりますが、この名は善信だというふうに『拾遺古徳伝』（真聖全第三巻七三一頁）に覚如が書いている。親鸞の伝記である『御伝鈔』に書いているのではなくて、法然上人の伝記を若い頃に覚如は書いているのですが、そこに法然と親鸞の関係について、『教行信証』後序の文を引用して、この「名の字」は善信だと書いている。それが流布していて、このときに善信の名をいただいたのだということになっているのです。

実は私は、それが何となく変だと思っていたのですが、数年前に、真木由香子さんの『親鸞とパウロ—異質の信』（一九八八、教文館）という本で、私はいままでの考え方が間違っているということに気がつきまして、つまり、そこで、綽空の名前を改めて法然から「善信」の名前をもらう必然性とは何なのかということがわからない。わざわざ『教行信証』を書くいわれ（事由）を書いている後序のなかに、法然から『選択集』の付嘱を受けて、名前を変えたと書いている名の字に、それが善信であったならば、もう一度自分は、実は、親鸞という名前をいただいたのだということを書かなければならないはずです。

だいたい回向の二種、「謹《つつし》んで浄土真宗を案ずるに、二種の回向《えこう》あり」（『教行信証』「教巻」聖典一五二頁）から始まる『教行信証』の構造全体は、天親、曇鸞の構図である回向の構造によって、『無量寿経』の本願の内容を構築し直したわけです。再構築したわけです。そういう『教行信証』という書物を出すについての名告りを「愚禿釈親鸞《ぐとくしゃく》」と何回も記述しているわけですから、回向の教学の名告りが親鸞なのです。その結びのところに、この名は法然に書いていただいたのだ、と書きたかったに相違ないわけです。それがもし善信であったなら、親鸞の名告りについて何も書いていないということになる。こんな変な話はない。

いままでは、覚如がこれは善信だといったということと同時に、それまでの浄土教を解体して、新しい構造を再構築するような、そういう大きな智慧を、わずか三十二、三歳で気がつくはずがないと思っていました。二十九歳で入門して三十二、三で、回向などに気がつくはずがないというのが、親鸞に対する見方、人物像としてあったわけです。

それは、前節（八頁）で申しましたように（「法然に出遭うまでの親鸞の修行」）、基本的に学びが浅いと考えていました。でも、『無量寿経連義述文賛《じゅつもんさん》』というような、中国の学僧ではなくて、朝鮮の学僧（新羅《しらぎ》の憬興《きょうごう》）の解釈した『無量寿経』の註釈を読んでいるということ。そして、それを引用しているということは、親鸞が若い頃から浄土の学びを徹底的に行っているとしか考えられない。そして、大事な文章は、みんな頭のなかに入っている。そこにもってきて、本願の見方が大変革された。われらの済度されるべき国土を、彼方のはるかなところに建てて、死んだらそこに生まれて往くという、そういう憧れのような浄土教であったものが、本願をよくよく読んでみたら、本願の救いはここに来ているのだということになった。

南無阿弥陀仏と共に、この現生にいただけるというのが、回向の救いです。回向がないと本願の荘厳が救いだということになる。そうなると、どうしても、そこにはどうやって往《い》けるのだという話になります。はるか彼方に往かなければならないのだから、やはり、この愚かな人間が往けるはずがない。死んでからしか往けないと考えるのは当然です。そういう浄土教であったものを、阿弥陀の大悲に立っていただき直してみたら、阿弥陀の大悲はあなたたちが来るのを待っているというような、待ちの姿勢で浄土を建立しているはずがないとわかった。浄土を建立するのは、苦悩の衆生を救うためなのに、衆生が生きている間はあきらめなければならないようなそんな浄土を建てるのかとなります。

確かに財力があり権力があれば、平等院鳳凰堂のように、この世にあたかも浄土のようなものをつくって、そして死んだら、これだけのものをつくったのだから、その功徳で浄土に連れていってくださるでしょうというような、そういう信仰も成り立つかもしれませんけれども。この世ではろくなこともできない罪悪深重の衆生が、死ねば往けるというのでは頼りなさすぎる。親鸞の問いは、そういう問い方ではないのでしょうけれど、本願の見方が、天親、曇鸞の言葉をとおしてひっくり返ったことによって、おそらく親鸞は、法然と議論するなかで徹底的に法然にこのことを説明したのでしょう。

法然は、親鸞の意図はわかっても、完全には納得はされなかったかもしれません。けれども、『選択集』を付嘱するという決断をなさり、そして、自分の図絵も渡された。

そこでおもしろいのは、倫理学の先生で東大名誉教授の佐藤正英先生も著書（『親鸞入門』〈一九八八、ちくま新書〉）で「名の字」は親鸞だとおっしゃっているのですが、そのときに、「夢の告げに依って」という、その夢のお告げは、あれは法然が夢を見たのだと書いているのです。つまり、主語が法然の文脈だというのです。法然が綽空の名を書いてくださり、何をこうしてああしてと、主語が法然の文脈で夢のお告げによってとあるのだから、これは、法然が夢を見たのだと。もっともな話なのです。夢のお告げの主語は確かに書かれていない。でも、夢のお告げというと、われわれは、聖徳太子のもとで親鸞が見た夢のお告げというように頭が固まっておりますから、夢のお告げと書いてあるから親鸞だと思い込むのです。あれを法然だといわれて、そういう見方もあるのかとびっくりしました。

ともかく、本当のところはわからない。夢のお告げによって名の字を書いていただいたとあると、普通には親鸞が自分で夢を見て、法然に新しい名告りがほしいと申し出て、それで法然が新しい名を書いてくださったと、こう読むのです。それも実際は、仏弟子として名を名告るというときの作法としてはおかしいのです。

## 仏道の師からいただく法名

だいたい、法名は師匠がくださるものなのです。われわれも法名をいただくときは、京都の東本願寺で得度《とくど》式を、または帰敬《おかみそり》式を受けて、本願寺からいただくわけです。本願寺からいただくということは、つまり、親鸞からいただくわけです。親鸞はもうお亡くなりになっていますから、親鸞の系譜を受けた門首がくださるというかたちになるわけです。

繰り返しになりますが、仏弟子になるということは、法名を仏法の先輩からいただくわけです。仏道の師匠からいただくわけです。一九八一（昭和五十六）年の宗憲改正までは、本願寺法主は善知識《ぜんじしき》だから、善知識からいただいたわけです。こういうかたちであったわけです。そういうかたちから考えてもわかるように、法名は自分で名告るという話ではないのです。共同体とか教団の許可として師匠からいただくものなのです。このことが、いま忘れられているのではないかと思います。

民主主義ということで、何でも自分でやれるものだと思っているけれども、自分が勝手に仏に成るのなら、自分で名告ってもいいかもしれません。でも、もともと仏陀が弟子に名をくださったのです。お前も仏弟子として認めようと、名をくださった。仏法に入門して、仏法の生活をするについて、家の姓を捨てて新しい名をいただくというのが、もともとの仏弟子の名告りですから、かたちとしては師匠からいただく。近いところでいえば、安田理深先生は曽我量深先生からいただいている。自分で勝手に名告ったのではありません。

親鸞自身も、おそらく比叡の山でもいただいただろうし、法然からもいただいたのでしょう。その新しい名告りをいただいたということは、思想的に、それまでとはまったく異なる新しいものが親鸞にはあると法然が見たからなのでしょう、この名告りでやり直しなさいと。それは『教行信証』になるような、回向の教学をやりなさいということに相違ありません。

「善信」であるならば、その名で何をしたのでしょうか。「綽空」では何がまずかったのでしょうか。浄土教徒として、聖道門に対して浄土門を建てたような道綽の思想と、諸行を捨て雑行を棄てて念仏一つを選び取った法然の思想を引き継ぐという名前ですから、これを変更して新しい名にするというのなら、もう、回向の教学の名しかないわけです。

## 荘厳の浄土教から回向の浄土教への転換
### ――名の字が善信という場合の矛盾――

だから、親鸞の名告りは、法然のもとで本願の見方が大きく転換した。つまり、荘厳の浄土教から回向の浄土教へと転換した。大悲回向、つまり、如来が大悲をもって浄土を荘厳した。でも、それだけではない。荘厳された浄土の功徳を衆生に与えようとされた。これが回向のはたらきである。われわれは、それに出遇う。如来の回向に値遇するというかたちが南無阿弥陀仏である。

南無阿弥陀仏という名号は、回向の行である。大悲回向の行において、本願力が回向してきている。本願力回向に値遇する。本願力回向と値遇のなかに、浄土の功徳が来ている。名号となって、浄土の功徳が来ている。つまり、一如宝海の功徳が来ている。それに値遇せしめるはたらきとは、われわれの信心である。信心をいただくということが、如来の回向に値遇するということなのです。

本願力の回向成就、それが信心である。こういうことを自覚したことにおいていただいた名告りが親鸞であると、私はあらためてそのことを強く申し上げておきたい。いまだに真宗の多くの学者方は、名の字は善信であり、愚禿親鸞の名告りは流罪以後だと、こういうことをいうのです。親鸞の名告りを流罪以後とする必然性については、覚如が書いているということ以外には、積極的な論拠はほとんどない。ただ、そう思うという話なのです。法然からいただいたにしては、親鸞の名告りは早すぎるということと、流罪を潜って越後の大地で庶民と付き合うなかで、回向ということを気づいたという、そういう推測でしょう。

そして、妙なことに善信の名も法名だと言い出すわけです。ところが、親鸞聖人ご自身が書いた直筆のものには、「釈善信」と書いている例は一カ所もない。『一念多念分別事《いちねんたねんふんべつじ》』などの写本のなかに、「釈の善信」と書いている例（「愚禿釈善信」聖典九三九頁参照）がいくつかある。これは、室町末期の写本ですから、写した人が間違えたか、伝えられるなかで何か誤解されたということがあるのでしょう。親鸞聖人ご自身が書かれたものには釈善信ということは一遍もない。釈の綽空と法然が書いたという『教行信証』の後序の記述と釈親鸞しかない。

もう一つの根拠としては、三帖和讃《さんじょうわさん》（「浄土和讃」「高僧和讃」「正像末和讃」）の聖徳太子和讃の前に、「愚禿善信」（聖典五〇七頁）という名が記されている。それを、和讃をつくる名に善信を使っているのだから、これは法名だというふうにいうのですけれど、これに関しては、親鸞が書いた自筆のものがないのです。三帖和讃は蓮如が編集したとされている。蓮如ないし蓮如のお言葉によって、お子さんが編集したということになっている。

それ以後、本願寺は三帖和讃を正式なものとして使っていますけれども、三帖和讃の根拠になるしっかりした定本が見当たらない。真宗高田派の本山・専修寺所蔵の三帖和讃（国宝）には、愚禿善信という言葉はない、一切ない。だから、それを根拠に議論するのはおかしいのです。蓮如上人が書いたのかもしれないが、根拠がないのです。しかし、本願寺が定本にしていますから、もう、絶対化されている。でも、たとえ愚禿善信とあるからといって法名であるとはいえない。愚禿は姓ですから。釈善信とあるわけではないから。もしかしたら、善信の名で、房号《ぼうごう》の名で聖徳太子和讃をつくっているかもしれないし、その可能性はある。それまで否定はできない。けれど、少なくとも親鸞が書いた聖徳太子和讃の初めに、善信という名が置いてあるわけではない。たまたま残っているのは、ご直筆ではないのです。親鸞聖人のご直筆のものはないのですけれど、真宗高田派がもっている写本、つまり、高田派を立てた顕智（一二二六―一三一〇）の写したものがあるわけですが、そこには善信という名はない。だから、もしかしたら蓮如が、これは善信に違いないというので書いたのかもしれない。それはわからない。でも、それを根拠に善信は法名だから、善信という名は、「名の字」でもらったのだという説も成り立つかもしれない。もしそうであるのなら、では、親鸞の名告りをいつしたのかということを、なぜ親鸞は書かないのかという疑問が残ります。

それと、人間像として、親鸞聖人という人はどういう人であったのかということがわからなくなります。『歎異抄』に伝えられているように、「たとい、法然聖人《ほうねんしょうにん》にすかされまいらせて、念仏して地獄《じごく》におちたりとも、さらに後悔《こうかい》すべからずそうろう」（聖典六二七頁）とまでおっしゃって、親鸞にとっては、法然という方は絶対的な存在です。和讃には、

阿弥陀《あみだ》如来化《にょらいけ》してこそ　本師《ほんじ》源空としめしけれ
化縁《けえん》すでにつきぬれば　浄土《じょうど》にかえりたまいにき
（「高僧和讃」聖典四九九頁）

と、法然は浄土から来たお方だとまで書いているわけです。また、

曠劫多生《こうごうたしょう》のあいだにも　出離《しゅつり》の強縁《ごうえん》しらざりき
本師《ほんじ》源空いまさずは　このたびむなしくすぎなまし
（「高僧和讃」聖典四九八頁）

とも和讃して、単なる人間ではないとおっしゃっている。私を導いてくださるために、浄土から現れてくださった善知識さまであると書いているのです。そういう信頼を寄せた法然が亡くなった後で、法然からもらった名前を捨てて、自分勝手に新しい名を名告るという親鸞像は決してあり得ません。

それでは、法名ということに対する無理解と、法然・親鸞の人間関係に対する不信感を増幅するだけです。確かに、親鸞という人は一面、生意気であったかもしれません。法然の前で、「善信が信心も、聖人の御信心もひとつなり」（『歎異抄』聖典六三九頁）と言い出すのは、常識はずれといえば常識はずれです。でも、それだけのことを言っても、法然が認めてくださるような関係であったのです。「源空が信心も、如来《にょらい》よりたまわりたる信心なり。善信房《ぜんしんぼう》の信心も如来よりたまわらせたまいたる信心なり。されば、ただひとつなり」と、法然は言っております。信心は如来からいただいたものだと。如来よりたまわりたる信心ということは、回向です。回向の信心という議論をしていたから、法然から「たまわりたる信心」という言葉が出たわけでしょう。そういう深い信頼関係にある親鸞が、法然が亡くなった後で、法然からいただいた名前を捨てて、自分勝手に名告りを上げるということはない

でしょう。また、もしそうであるならば、そう書くべきでしょう。つまり、自分は愚禿を名告ったときに親鸞とも名告る、と書くべきです。それは書いていない。書いていないだけではない、書けるはずがないのです。そのときに名告ったのではないのですから。

権力者側からは、流罪のときに親鸞という名は外されたかもしれないけれど、自分としては法然からいただいた名告りだから、あらためて名告るのではない。ずっと自分のなかでは親鸞である。こういうことがあったから愚禿と名告ったのであって、だから愚禿親鸞ということであると思うのです。それに加えて、善信は房号だという説があって、いま申し上げたように、善信房と『歎異抄』にもありますし、覚如自身も『御伝鈔』をいくつか書いているのですが、初めの頃には「善信聖人親鸞伝絵」と書いています。六十歳を過ぎてから書いた、いわゆる康永本の『御伝鈔』では、「本願寺聖人親鸞伝絵」と書いている。それは、本願寺という寺の名前である寺名を許してもらったからです。

青蓮院は、非常に格の高い天皇家に近いお寺ですから、そういう寺から、覚如は本願寺という寺の名告りを許してもらった。だから鬼の首を取ったようにして、本願寺聖人として祭り上げたわけです。親鸞が生きているときには、本願寺という寺はなかったのです。本願寺聖人ということは、寺号です。寺号というのは、房号と同じ意味です。だから、善信聖人であったところを、本願寺聖人に変えたわけです。どちらも「親鸞伝絵」です。だから、正しい名前、正名が親鸞です。房号が善信であり、本願寺である。「本願寺聖人」と、覚如は、住んでいるお寺を名告りとするということをつくり上げたわけです。覚如にとっては、三代伝持で親鸞、如信、覚如と、これが本願寺の系譜だというふうに。

親鸞がおられたときには、本願寺はなかったのに、後でできた寺の開祖にしたというのはおかしい話ですけれど、そういうことをしてでも自分に権威をつけたかったわけでしょう。

そういう意味で、覚如自身にもミスがあるわけです。覚如自身も、もし善信が正名であるなら、善信聖人親鸞とは書けない。何々聖人善信伝絵と書いているのならともかく、そこには「親鸞伝絵」と書いているわけですから、「善信聖人親鸞」と書いているということは、正名を二つ並べるなどということはあり得ない。だから房号と正名なのです。そういう点で、「善信」という名前は通途の名前、つまり、呼び合ったり、手紙を書いたりするときに使う名前です。

親鸞は晩年に善信の名前でお手紙を書いておられます。「親鸞」で書く場合は、正しい仏法の教義の議論があるときで、そうではない手紙は善信でいいという判断があったのでしょう。そういうことで、親鸞という名告りについては、法然からいただいたのだということを、私は、あらためて強く思うのです。

上述したように、江戸時代以降近代までの親鸞の人間観について、親鸞という方が、あまり高い地位がないから比叡の山では勉強はできなかった方だとするような人間像は、間違いであったのではないか、と思います。法然門下に入ってから勉強を始めて、『教行信証』の内容になるような文献のすべてを法然門下として勉強したというのは、どうしても無理があるようです。

若い頃から、縁あるごとに勉強されて、おそらく比叡の山では、ある程度の立場が与えられていて勉強ができたのだというふうに考えるべきであろうと思うのです。そうでなければ、三百八十余という数の弟子がいるなかで、選ばれて『選択集』の付嘱にあずかるなどということは考えられない。信心の強さと仏教の基礎教養、そして、信頼できる人間像があったから、法然は親鸞に、わずか数年で『選択集』を付嘱した。長い年月弟子になっている人にも一切見せないわけですから、信頼できる弟子、五、六人に見せたというのですから。三百八十余人という大勢の、大変な力をもった法然の弟子たちのなかで、新しく入った若造の親鸞が許されるということは、よほどの力があったに相違ないわけです。

そういう点で、親鸞の名告りの時期をずっと後年の流罪以後とせず、三十三歳のときにいただいたということにしても少しも無理はない。思想的にもそうであるべきである。回向の教学以外に、親鸞の名告りを正当づけるものはない。回向の名告りが流罪以後ではなくて、たまわりたる信心という議論をしている段階で、すでに回向の問題を法然とぶつけ合っていると考えるべきです。

これが、私の強い信念です。これが真理だ、と私は信じておりますから、そのうちに、きっとそういうふうに書きあらためられるに違いないと思っています。

＊注

念仏の教団が繰り返し弾圧されることについて、清水博先生から、以下のようなご意見をいただいた。それまでの仏教を支える基本的な思考回路を、いわば天動説から地動説へのパラダイムチェンジのような、大変換を主張したのが本願他力の思想だったのだ、ということである。そうしてみれば、なるほど旧仏教が目の色を変えて弾圧するという必然性が頷けるように思われる。

大無量寿経は仏教におけるパラダイムチェンジの経ではないでしょうか。

宇宙空間（場）の発見と、その宇宙空間において、地球自身をはじめて捉えることができたということです。これは存在論におけるパラダイムチェンジの特徴であり、科学においても同様に成り立つのです。

天動説から地動説に天文学のパラダイムが大きく変わった時におきた変化が、科学思想上のパラダイムチェンジです。仏教においては浄土（仏国土）という場の発見と、その場において存在する凡夫としての自己の発見、この二つの発見がこれに相当するのではないかと思います。仏教は、浄土という場を発見したことによって自己自身を凡夫として捉えることができたとも言えると思います。この浄土と凡夫の発見を伴って仏教的天動説（聖道門）から地動説（浄土門）へと大きくパラダイムチェンジをしたのであると思います。このことはまた諸仏が存在する宇宙空間の変化でもありますから、讃仏偈に書かれているような表現になると思います。

法然の感動は、結局のところ、パラダイムチェンジが自分の内部でおきたことによる感動ではなかったかと思われます。それは自分自身の発見でもあったのです。親鸞はこの仏教的地動説というパラダイムを継承して、地動説を完成させた人であると、私には思われます。私には親鸞が知識としては十分知っていた浄土教を仏教の新しいパラダイムとして自覚するまでに百日間も法然のところへ通う必要があったのだという気がするのです。

# 第二章　回向の信心

## 「広大無碍の一心」と「大悲往還の回向」

### 親鸞が説く他力の意味
——他力は如来の本願力——

前章において、親鸞の教えのなかでも、大切な回向についての問題を尋ねてきました。親鸞の教えといえば、信心を中心に他力の教えということで、自分の力で何かをするとか、自分で生きているとか、自分で自分の力というものを中心にしてものを考える立場に対して、「他力」「他力のはたらき」ということをいいます。つまり、自分以外のはたらき、自分以外の作用、自分以外の力というものが、実は自分を支えたり、自分を在《あ》らしめたりしているというふうに気づきなさいという教え方です。確かに、そう気づくことが、「私が、私が」と思って苦しんでいる生き方からすると、ある意味で、自分の考え方に風穴が開《あ》くといいますか、そういう点では、非常に大切な一面をもっていると思います。

しかし、親鸞の他力は「本願力」をいい、「他力《たりき》と言うは、如来の本願力《ほんがんりき》なり」（『教行信証』「行巻」聖典一九三頁）という押さえがあります。その本願力というはたらきは、単に自分がここにあって、それに外からはたらく力があるということではない。自力があって、それに対して外からはたらく他力があると自覚するという、自力があって他力のはたらきに気づくことが大事だという、そういう他力を「相対他力」という言い方もします。

それに対して、本願力という押さえは、教・行・信・証がすべて他力だということです。教・行・信・証は、教も行も他力だというのは、一応、常識的にもわかりますが、信が他力だという。信ずるということ、自分に起こっている精神作用というか、自分がここにいて、自分が感じたり、考えたりしていること自身のなかに、如来を信ずるという心が起こる。その如来を信ずるという心が起こるということは、如来の回向であるというのです。

教・行・信・証すべてが、如来の回向であるというときには、したがって本願のはたらきにふれて、本願のはたらきを信ずるということが起こるときに、そのこと全部を成り立たせてくる背景も、そして気づかせてくる教えも、その教えを聞いて、少しずつ考えが自分のなかに沈殿して、溜まって定着して、そしてそこに根が張ってくるような、そういう営み全部が本願力であるという。そうすると、そこに成り立った自分というもの、すなわち自分の考えも、自分の意欲も、自分に起こってくる行為もすべてが本願力だという頷きになってきます。つまり、本願力以外に自分がない。本願力が自分である。そういう信心が、他力ということが、親鸞が明らかにしようとする「回向の信心」である。だから、他力という言葉は、言葉としては自力に対して対応するわけですけれど、他力という教えを聞いて、他力に頷けばすべてが他力であるというところに、親鸞の回向の教えの他力という意味がある、ということです。

## 真実信心の意味
### ――一心と三心――

ただ、どこまでも愚かな凡夫としての私どもは、自我という思いが砕け散るということがないわけです。その自我の思いがありながら、他力の教えを聞くというときに、すぐそれが相対他力に退転してしまうというか、相対他力の考えに止まってしまうということが起こってくる。そこに、

(大経)また言《のたま》わく、法を聞きてよく忘れず、見て敬《うやま》い得て大《おお》きに慶《よろこ》ばば、すなわち我《わ》が善き親《しん》友《ぬ》なり。このゆえに当《まさ》に意《こころ》を発《おこ》すべし、と。(『教行信証』「信巻」聖典二一二―二一三頁)

と、「能不忘」(よく忘れず)とありますように、聞法して忘れることがない。聞法することを忘れれば、すぐに相対他力に転落するだけではない、また、自力の執着に転落するという。その間違いを繰り返し繰り返し聞き直して、「絶対他力」といいますか、「無限他力」のはたらきに自分というものを自覚し直していくことが、真宗門徒の念仏生活の一番大事な方向性になるのだろうと思います。

「広大無碍の一心」ということで押さえられている内容は、言うまでもなく天親の『浄土論』の「世尊我一心」（聖典一三五頁）という、あの「一心」です。一心の問題を親鸞は、『教行信証』「信巻」で中心問題として取り上げ、その一心が本願の「三心《さんしん》」、つまり、本願自身が「至心《ししん》・信楽《しんぎょう》・欲生《よくしょう》」という言葉で呼びかけている。その場合、親鸞はそれを三つの心というふうに読んでいるわけです。その三心と一心とが、どういう関係なのかということを、信心の問題として「信巻」の中心問題として論じている。三心は、すなわち一心である。如来は、わざわざ三心に開いたけれども、その三心は、実は一心であると。そういうことを、天親は「世尊我一心」という言葉で表白したのだと押さえます。

けれども、それでは一心といえば済むものを、なぜ三心に開いたのかと、もう一度、問いを出し直して、至心・信楽・欲生という、それぞれの言葉がもっている違う面と、にもかかわらず、三心がすべて疑いのない、無疑無慮の心というものを表しているのだということを語って、真実信心の意味を表そうとしておられるのです。

## 愚かなわれらが無限のはたらきに気づく不思議
### ――有限を無限に転ずる無限のはたらき――

私は最近、回向の信心ということで、われわれに与えられるものというか、気づかされることにおいて、いったい何が本当に獲得できるのかということがどうもはっきりしていない、同時に、はっきりできないという問題があるのではないかということを思っています。

「回向」ということは、回《めぐ》らし向けるということで、清沢満之の言葉でいえば、「無限大悲が有限の心の側に、自分を与えるのである（無限他力、何れの処にかある、自分の禀受《ひんじゅ》に於て之を見る、自分の禀受は、無限他力の表顕なり）」（『清沢満之全集』第六巻一一二頁）という。有限の側からすれば、無限なるものは自分から求めて得られない。その無限なるものは、無限の側自身がどこか遠いところにあるというような静かなる無限ではなくて、常に、苦しみもがいている有限の存在に、それを乗り越え、それを突破していくような広大なる利益を与えたいというはたらきをもっているもの、それが無限であるというのでしょう。スタティック（static）な無限ではなくて、有限にはたらいて、有限を無限に転じようとするはたらきが無限にはある。それが『無量寿経』の教えになって、無限大悲のはたらきが有限なる身に、いま現にはたらく。そのはたらきに気づくというか、そのことを自覚するということがなければ、無限大悲のはたらきは素通りである。その無限大悲のはたらきを自覚するということも、親鸞のお考えでいえば、大悲のはたらきであり、大悲の回向であると押さえられる。

ところが、大悲の回向に気づくのは有限なるわれらである。その有限なるわれらが気づく、このことは誠に不思議なことであり、どうしてそういうことが起こるのか、ということはよくわからない。宗教には、必ずそういう問題があるのだろうと思います。愚かで、有限で、無能で鈍感なわれらが、大いなるこの宇宙をも生み出すような神力ともいうべき、大きなはたらきに、なぜ気がつきうるのかということがある。これについては、有限の側が無限の能力をもっていると考える立場もあれば、可能性として無限に目覚める能力をすでにもっているのだと考える立場もある、これはいずれも自力の立場、聖道門の立場です。

それに対して、浄土門の立場は、徹底的に無限になる可能性などないという悲しみと、限界を自覚するわれらであるにもかかわらず、この愚かなわれらに無限との接点ができるという、この不思議さをどう言語化するのかということです。気づくということは、事実として起こる。起こるということは、仏教の伝承が証明している。現に求めるものの前に、すでに先にふれた方が現れて、生きてくださり、教えを説いてくださる。そして、そういう姿に出遇う。例えば親鸞であれば、法然という人が、目の前に無限なるはたらきを信じて念仏を称えているという事実がある。そういう事実があるから、事実はどうして起こるのかということは、有限の側からでは説明できない。

全存在を生み出すものが神だという考え方からすれば、有限にそういう神に気づくような力が与えられるのも、実は、神のはたらきだということから、「聖霊」という言葉で、ホーリィ・スピリット(Holy spirit)という、スピリットが来るのだという説明をします。そういうふうに考えないと、この罪の身がどうして神を信じうるかということは説明がつかない。向こうからのはたらきが、突然、キューピッドが愛の矢を打つように、こちらの心臓にスピリットが突き刺さるのだという、そういう説明はわかります。

それと同じように、浄土門仏教の場合に、どうしてこの無限なる大悲というものに気づきうるかということは謎です。

## 仏に成る可能性が開けるという信頼
### ――一切衆生悉有仏性――

仏教一般は、自分のなかに可能性があって、見えていないけれども可能性があって、それが育てられるのだと考えてきました。それは、おそらく「仏性」という言葉でいわれてきたような、仏に成る可能性というか、どれだけ罪業の生活を積み重ねていようとも、どこかに仏に成る可能性を秘めた存在が人間であるという、人間への信頼があったのです。それが、仏陀が教えた言葉にあるのだと。仏陀が言葉を語りかけたということは、なかなか人間には難解だけれど、どれだけ困難であっても、教えの言葉を聞く可能性があり、聞けばきっと仏に成る可能性が開けると信頼しないならば、仏陀が教えを説くはずがない。

教えがあるということは、それを聞く力をもった存在として、仏陀が人間を信頼してくださったのだと。だから、「一切衆生悉有仏性」という見方が出てくる。これは、大乗の『涅槃経』が語っている言葉ですけれども、大乗の『涅槃経』を待たなくとも仏陀が言葉を遺《のこ》した、つまり、お釈迦さまが言葉を衆生にかけてくださったということは、言葉をとおして仏に成る可能性があるからこそ教えを説いたに相違ない。

どれほど言葉をかけても、まったくふれる機会があり得ないというのなら言葉は無意味である。どれほど妄念が強く、我執が強く、どれほど罪の深い心で生きている存在であろうとも、それを破る力、それを破って本当の存在の真理性といいますか、本当の無我の命の尊さということに目覚めていく力をもっているのだ、と信頼するからこそ教えが説かれる。それは、聞いたらすぐにわかるというわけではない。聞いてもわからない。わからないけれども、聞こうという気持ちで聞いているうちに少しく頷けてくるということがある。きっと生ずるのだと信頼するから、仏陀は教え続けられる。だから、仏性という言葉は可能性として衆生のなかにある。これは、外から何かが飛んで来て入るという考え方ではなくて、存在が与えられるなら、存在の能力のなかに密《ひそ》かに蓄えられてある可能性として、「仏性」という言葉が出されてあるのだろうと思います。この問題については、私の課題として、いずれ文章として書かなければならないと思っています。

## 仏教における霊性

キリスト教の側から投げられた問題として、「仏教における霊性について」という問題が、宿題として残っています。これに何らかの解答をしなければならないのですが、私は「霊性」という言葉は、スピリチュアリティ（spirituality）という言葉の翻訳だと思っていますが、スピリチュアリティというのはスピリット（spirit）性です。スピリットが飛び込んだような存在、スピリチュアル

（spiritual）なる、スピリチュアルであるような存在。それは、スピリットが入ったような存在ということだと思います。そういう宗教的精神とか、あるいは宗教的な精神性、そういうものをもった存在ということが、仏教ではどういうふうに考えられるのか、こういう問題がキリスト教の側から投げかけられました。

この背景には「健康」という問題があります。世界保健機関（ＷＨＯ）というところが、人間が健康に生きているということは、いったいどういうことかということを定義する場合、物質的、あるいは精神的、あるいは社会的な健康性において、健康であるということを定義するのだそうです。つまり、人間存在としての健康性ということを、一、身体、ボディーが健康であるということ、二、精神が健康であるということ、三、（人は社会のなかに生きていますから）社会的に健康であるということ、この三つをもって、世界保健機関では「健康」という言葉を定義しているのだそうです。

精神的に健康であるという背景には、いわゆる精神的な病気が想定されていて、例えば、鬱《うつ》であるとか、心神喪失であるとか、そういう健全な精神のはたらきでない状態に落ち込んでしまう場合が考えられます。これもやはり、身体はいくら健康であっても、とても健康とはいえないわけです。確かにそれはよくわかります。そしてまた精神的に健康であるということと、社会的に健康であるということとは密接に関わっていると思います。自己判断がたとえ健康で、身体も健康であっても、たとえば泥棒をしたりするようなことがあれば健康とは言えません。

ところが、最近、人間が本当に健全であるというには、それだけでは不十分ではないかという見直しの意見が、随分強く出ていて、もう一つの要素にスピリチュアリティという言葉があげられています。つまり、自分一人が自分で生きているだけでは、決して健康とはいえないのではないか。隣の人、自分と同じように命を生きている存在に対する同感というか、同じ苦悩をもち、同じような生命作用をもち、同じように有限な生命をもって生きているという共感を込めたまなざしの健康性が必要で、それがないようでは、健康とはいえないのではないかというわけです。

確かに、それは大事な問題で、それをどういう言葉で表現するのかというときに、英語であるとスピリチュアリティという言葉が適当だということになったそうです。つまり、他の人、他の人びとへの共感性といいますか、これが欠如しているのなら、いくら身体が丈夫で、自分についての精神が如何に頑健であるといっても、他との関係に問題があるならば、やはりそれは、人間として健康ということにならないのではないかという世界保健機関の考え方があり、四番目の要素にスピリチュアリティという健康性を入れようという意見が、随分あるのだそうです。キリスト教の国では、これで全然問題にならない。そのとおりだということになる。イスラムの国でもたぶん同じように、そのとおりだということになると思います。

ところが日本では、どうもスピリチュアリティという言葉がピタッとこない。特に戦後の日本人は、科学的であれば無宗教であったとしても、隣人への愛はあるからそれでいいのだという考え方で、いわば会社人間としても会社に忠実であり家庭にも忠実に、働き蜂として歩んできた。そういう考え方で、相対的にいえば世界のなかで相当の財を積むような、つまり、経済的に大変健康な状態を生み出してきた日本人の精神には、どうもこの言葉は合わない。そういうことで、世界保健機関の日本の会議ではそれが否決されたのだそうです。そういうことも背景にあって、キリスト教の側から「仏教における霊性とは何か」という問いが投げかけられたのです。

実は、鈴木大拙（一八七〇―一九六六）は一九四〇年代から「霊性」という言葉を、盛んに使っています。「日本的霊性」とか「日本的霊性的自覚」とか、「日本的」という表現で、仏教的な自覚がもつ、一神教の大事な宗教性を示すスピリチュアリティという言葉に相当する言葉として、「霊性」という翻訳語を当てられた。

また清沢満之も、なぜわれわれが無我という課題をもとうとするのか、なぜ人間存在が無限との接点をもとうとするのか。そして、有限なる存在がどうして無限にふれうるのかという、そういうテーマについて、考えておられます。有限が単なる有限のままに、いくら有限の行為や有限の善を積んだところで絶対に無限にはならない。それが、無限になるとはどういうことかを考えると、回転《えてん》というか、変質というか、今流の表現でいえば変身でしょうか。つまり、存在の意味が変わるということだと考えた。そしてそういう可能性をもつものは何であるのかというときに、人間の一貫した、いわゆる自己といわれるようなものはいったい何であるのかと押さえるときに、清沢満之は「霊魂」ということをいうのです。霊魂といっても何か幽霊みたいなものをいっているのではありません。常に、いろいろな影響を受けながら、また、経験をしながら自分というものが持続する。それはいったい何なのかというときに、清沢満之はそれを「霊魂」という言葉でいおうとしたのです。それは、一人ひとりの個性ということと、転じたときに仏に成るような可能性というものと、その両面を含めようとすると言葉がない。唯識では、阿頼耶識《あらやしき》という言葉があるのですが、いわゆる唯識論の阿頼耶識は、いろいろ面倒な定義があって、そう簡単に転用するわけにはいかない。

ともかく、われわれの精神生活のなかに、何か、はたと気づいてそれまでと違う世界が開けるような可能性がある。それは突然、神秘の体験をしたとか、何か光の体験をしたとか、宙に浮いたというような体験談ではなくて、どこまでも間違った認識、間違った考えの根である我執という問題を破って、本当の存在のあり方を自覚するということです。仏教の自覚というのは、迷いの延長ではないばかりか、決して、神秘的体験でもない。やはり、教えの言葉をとおして、本当のあり方に目覚めるという。目覚めという言葉で、眠りから覚めるというような人間の体験に近い体験を、われわれの経験のなかにもちうるのだと。

このような目覚めの体験をもちうるとすれば、そのもちうる可能性とは何であるのかという問題について、鈴木大拙は「霊性」という言葉を使いました。これは、明らかにスピリチュアリティの翻訳語だと思います。鈴木大拙のいう霊性は、どうも何か霊性的現象というか、霊性というものがはたらいて表現を生み出す、仏教的生きざま全体を包んでいっているものですから、禅者であろうと、あるいは念仏者であろうと、特に、妙好人のような生きざまであろうと、霊性が生きているという事実、そういうことをいう点では、一応、成功しているわけです。

それをもう少し厳密に、仏教において本当の意味で「霊性」といいうるものは何であるのか、そういう言葉で押さえうるものは何であるかということを考えてみると、それを、親鸞は『涅槃経』の仏性という問題で、「仏性は「大信心」と名づく」（『教行信証』「信巻」聖典二三九頁）と述べておられる。「大信心はすなわちこれ仏性なり」（同頁）という『涅槃経』の言葉がありますが、その言葉が『涅槃経』にあるから、それを後生大事にもってきたというよりも、「本願信心の願成就の文」の引文とされる意味に、本願を信ずるという、本願の信心というものがもつ質というものが「回向の信心」だとおっしゃるのです。

## われわれは法蔵菩薩の精神のなかにある
### ——一如のはたらき——

本願という言葉でいわれている大きなはたらき。その本願が名号を生み出し、浄土を生み出し、人間に信心を与えるという。そういう大きな作用である本願のはたらきは、外から飛んで来て入るというのではなくて、法蔵精神として兆載永劫《ちょうさいようごう》に修行していると神話的に語られるように、いつでも生・老・病・死と共に、比喩的にいえば、見えざるかたちでわれわれにはたらいているといえます。われわれは生まれて死ぬという全体をとおして、法蔵菩薩の精神のなかにある。その法蔵菩薩の精神が有限な人間の自覚にまで上るとき、つまり、小さな泡ぶくが水のなかでふくらんで、水の上にぽっこり出るように、人間の妄念のなかに法蔵精神が自覚されてくる。その質は妄念の質ではなくて、本願自身の質、それは、先ほどの言葉でいえば、静的、スタティックな一如というよりも、苦悩の衆生を救わんとするはたらきとしてわれわれにはたらいてくるような一如のはたらきを、法蔵菩薩という菩薩の物語で語るのです。

そのように親鸞は理解したわけです。そういう法蔵精神のはたらきがわれわれのなかに立ち上がったというふうに了解した。これは確かに人間のなかに起こる精神的な営みなのである。南無阿弥陀仏を信じ、南無阿弥陀仏を行ずるということは、人間のうえに出てくる意欲であり、行為ではあっても、その質自身に如来の本願が来ている。如来の本願がそこに立ち上がったということです。こういう見極めをして、だから、一人ひとりの人間に生ずる意欲、南無阿弥陀仏を称えんと思い立つ心、それは一人ひとりに起こるのだけれど、その起こさしめる本質が如来の回向であると押さえたときに、この一心というものが、単に自分のなかに起こった一時の精神作用というよりも、兆載永劫にはたらいているような質、時間を超えて、空間を超えて、はたらき続けようとするような無限大の大いなるはたらきが、ここにいま来ているのだという、そういう直感です。そういう感覚です。そういうものは、例えば、一本の矢が身体に飛び込んだというようなはたらきよりも、もっと大きく人間を包んで、人間にはたらいて人間を支えて歩ませるのです。

そういう意味のはたらきが、「はたらきとしての仏性」です。だから、仏性というと、仏に成る可能性という意味と、仏の可能性がそこに現れているという二面があるというのです。親鸞はその表現がデリケートです。「浄土和讃」には、

信心よろこぶそのひとを　如来《にょらい》とひとしとときたまう
大信心は仏性《ぶっしょう》なり　仏性《ぶっしょう》すなわち如来《にょらい》なり
（聖典四八七頁）

とおっしゃる。これは『涅槃経』にある言葉です。信心は大信心であり、大信心は仏性であると。その仏性は仏に成る可能性だというだけではない。仏性は如来だというふうに押さえている（『教行信証』「信巻」聖典二二九頁）。如来というのは、如が来ているという事実だから、信心は成仏の因である、その成仏の因である信心が如来であると押さえる。そういうふうに押さえることが、われわれのように、因果にこだわる者にとっては、何か言葉が足りないのではないかという気がします。大信心は仏性であるというならば、仏性は如来の因である、如来の可能性であるというような言葉をちょっと省いてあるのだと、註釈論者であればそういうふうに解釈するでしょう。しかし、そういうふうにいってしまうと、親鸞がいただいている信心の利益が、どうも何か、足りなくなるのではないかという思いがします。

## 死後往生の問題の深さ
### ――現生に正定聚に住する――

この問題は、大問題であると同時に、いくら語っても理解してもらえないところがある。親鸞ご自身が考えていた信心の利益とは、端的にいえば、『教行信証』「信巻」の標挙《ひょうこ》の文にあるように、「至《し》心信楽の願《しんしんぎょうのがん》　正定聚の機《しょうじょうじゅのき》」（聖典二一〇頁）と押さえられている。つまり、「正定聚」ということが成り立っている存在であるというのです。

浄土真宗の教えでは、正定聚と「正定」という言葉は、「浄土に生まれるということが、正しく定まっている」という意に、ごく当たり前のようにいわれています。死んだら、必ず浄土に行くのだから、いまは凡夫であるけれど、念仏さえしていれば、必ず死んだらお浄土だと定まっているから、正定聚だという解釈をして、「正定聚の機」ということの意味にしているわけです。

もともと第十一願という願に誓われているのが「正定聚」で、これは「わが国に生まれた者には、正定聚を与えよう」と誓っているのです。だから、法蔵菩薩が浄土を建立して、この国に来たら正定聚を与えよう。なぜならば、穢土では「邪定聚《じゃじょうじゅ》」「不定聚《ふじょうじゅ》」であるからだ。つまり、求めても求めても本当には定まらない。仏に成るということが決まらない。勝手に決めて間違っていくか、いつまでも決まらないで、うろうろしているかどちらかであるというのです。

ですから「邪定聚」というのが一般的な信心です。つまり、親鸞の教えで押さえれば第十九願、十九願的な信心です。努力して努力してたすかっていこうという努力意識の果てに、完成するということを誓ってくれているのが本願だという、そういう本願のいただき方だから、やはり、努力する自力を認めてほしいと。そして、それが必ず満たされるのが死ぬときだというのです。これが「臨終来迎の願」であり、臨終には、その一生を、よくやった、認めてやろうといって、迎えに来てたすけてくださると。自力の思いでたすけてもらおうと思えば、臨終を頼むしかない。自力には、必ず疑いがついていますから、自分の力の有限性を信じているということは、裏返していえば、有限性は揺らぐし、くたびれるし、迷う。だから、常に疑いが切れない。そうしたら死ぬことを待つしかないわけです。

死ぬということの宗教的意味が、自力に死ぬということでなくて、まさに肉体が死ぬということを期待する。それしかたすかる手だてがないというのが十九願的信心で、これはどのような宗教でも、どうもそういうものが付いてまわるわけです。なかんずく、浄土教にはそれが色濃く付いている。そういうかたちで念仏の教えをいただき、流布《るふ》してきた罪業の歴史がある。これが、どこへ行っても、真宗門徒が熱心に念仏しているといわれる地域に行っても、やはり「死んだら往生」ということで、いまも生きているのです。つまり、正定聚が定まっているのだから安心だと。お浄土が待っているから安心なのだと。死後の浄土の美しい相《すがた》を妄念で思い浮かべながら、死んでも安心だとして念仏をしているのです。

確かにそういう念仏が、ある意味の効果をもっている。生きているときの不安を麻薬のように誤魔化していく。いまでもそれで念仏をしている人もいます。熱心に念仏しているけれど、内容は死後往生です。正定聚は、現生正定聚というけれども、死んだら往生することをいま決めている、という正定聚です。

## 信心は仏性である
### ――本願力の回向によって一心が成り立つ――

それに対して、親鸞は第二十願というものの問題を見極められた。他力の念仏といっても、先ほどの言葉でいえば、外からはたらく他力です。外からはたらき、他力を念仏として使って、そしてたすかろうとしますから、自分はこちらに確保されてあって、自分をたすけるものが念仏だと。念仏ならば、間違いなく浄土に連れていくという信じ方であるから、やはり第二十願も行は念仏になったけれども、臨終が付いている。『阿弥陀経』にも、

舎利弗、若有善男子善女人、聞説阿弥陀仏、執持名号、若一日、若二日、若三日、若四日、若五日、若六日、若七日、一心不乱、其人臨命終時、阿弥陀仏、与諸聖衆、現在其前。是人終時、心不顛倒、即得往生　阿弥陀仏　極楽国土。（聖典一二九頁）

とあり、「一心不乱、其人臨命終時」（一心にして乱れざれば、その人、命終の時に臨みて）つまり、生命終わらんとするときに往生すると書いてある。だから、『阿弥陀経』も臨終なのです。

それに対して第十八願はどうかといえば、第十八願の往生については、成就文に「願生彼国　即得

往生　住不退転」(『無量寿経』聖典四四頁)と書いている。だから願生して、即得往生した。願生した位にはないけれど、即得往生したら住不退転だと。往生したら住不退転と書いてある。だから、不退転に住するという利益、これは正定聚の利益と同じ意味です。その利益は浄土の利益である。それを親鸞は、「至心回向」以下を、「至心に回向して」と読まずに、「至心に回向したまえり」(『教行信証』「信巻」二三三頁)と読むことにおいて、「至心回向」以下、全体を「本願の欲生心成就の文」と名づけて、如来の回向とした。信ずるということにおいて成り立つ願生は、如来の教えをいただいて、願生の一念に南無と帰命すれば、その乃至一念のところに至心回向が来るという。至心回向が来ているから、乃至一念が成り立つのだと。むしろ、本願力の回向によって、私のうえに一心が成り立つという。こういうふうに読まれて、一心をもって至心に回向していくのではなくて、一心が成り立つことが、如来の至心回向だといただくことにおいて、「願生・得生」の飛躍が、この一念の功徳になる。だから浄土の利益であった正定聚という利益を、いまここに生きることができると。親鸞は、そういうところまで、凡夫の命を生きながらいただく利益ということを語ろうとするわけです。

無限に開けた心、無限大悲に開けるような心をもつということが私どもに起こるなら、それはあだやおろそかにしてはなるまいぞと。そういう心は、もうすでに仏に成るということを如来が誓っている、その可能性がいまここに開けたのだと。だから、信心は仏性であるということをおっしゃるわけです。この信心仏性という問題も、浄土教のなかで積極的におっしゃったのは親鸞が初めてです。確かに、源信は仏性ということをいっています。『往生要集』のなかで仏性論を書いている。しかし、仏性ということについて、いろいろな仏性の説を出してはいるけれど、仏性が人間に成り立つかということについては、どうもはっきりしていない。ですから、おそらく親鸞聖人は、仏性についてのヒントを源信からいただいたのでしょう。

『教行信証』「信巻」に、源信僧都の『往生要集』を介して『華厳経』「入法界品《にゅうほっかいぼん》」の言葉を、

> たとえば人ありて不可壊《ふかえ》の薬を得《う》れば、一切の怨敵《おんてき》その便《たよ》りを得ざるがごとし。菩薩摩訶薩《ぼさつまかさつ》もまたかくのごとし。菩提心不可壊《ぼだいしんふかえ》の法薬《ほうやく》を得《う》れば、一切の煩悩《ぼんのう》・諸魔《しょま》・怨敵《おんてき》、壊《やぶ》ることあたわざるところなり。たとえば人ありて住水宝珠《ほうじゅ》を得てその身に瓔珞《ようらく》とすれば、深き水中に入りて没溺《もつにゃく》せざるがごとし。菩提心《ぼだいしん》の住水宝珠を得《う》れば、生死海《しょうじかい》に入りて沈没《ちんもつ》せず。たとえば金剛《こんごう》は百千劫《ひゃくせんごう》において水中に処《しょ》して、爛壊《らんえ》しまた異変なきがごとし。菩提《ぼだい》の心もまたかくのごとし。無量劫《むりょうこう》において生死《しょうじ》の中・もろもろの煩悩業《ぼんのうごう》に処《しょ》するに、断滅《だんめつ》することあたわず、また損減なし。
>
> （聖典二三二頁）

と引いておられます。菩提心というものをいったんもつならば、この菩提心は水に入っても壊れない、火に入っても焼けない。そういう質のものが菩提心だと。これは『華厳経』なら大いにある言葉ですけれども、それを、本願の信心の質として親鸞聖人は引用され、愚かな移りゆく心で生きるわれわれのなかに、南無阿弥陀仏の信心が生ずるならば、この信心の質はもう壊れないのだとおっしゃる。こ

れは、ダイヤモンドマインド（diamond-mind）、つまり「金剛心《こんごうしん》」だという押さえと重なってくるわけです。

確かに、自分ではナンマンダブツの信心がそのように強いものだとはとても思えない。念仏を申してもすぐに忘れてしまうし、思い立って称えてみても、あまり効果はないというような、そういう情けない信心の理解ですけれども、親鸞は、「そうではないのだ」とおっしゃる。自分にいただく心、つまり、回向の信心という質を本当に確認するならば、それは無限大悲がここに建立した心だからもう壊れない、その質が正定聚なのであるという。

## 仏性とスピリチュアリティの対応

正定聚は浄土の利益である。そのことが「願生彼国　即得往生　住不退転」であるという。つまり、住不退転の利益をいま得るということは、「願生彼国　即得往生」という事実が、ここに成り立っているということです。自分で生まれようとして生まれるわけではないのだけれど、「至心回向」があるから、至心回向というはたらきにおいて、「願生彼国　即得往生　住不退転」という、本願成就の文が語る内容を私どもはいただくのだと。つまり、「如来よりたまわりたる信心」（『歎異抄』聖典六二九頁）といいますけれど、その信心にたまわるもの。信心もたまわるのですけれど、たまわった信心のなかに、またたまわるもの、このことの本質を、非常に広大なる意味として、親鸞は明らかにしようとしたのです。

そのことの積極的な開示といいますか、そのことを自分自身に確認して、本当に明らかにしていくという布教の仕方が、いままで、どうもおろそかであったのではないか。死んだら往生ということは、大きな課題を死んだ後に残してしまっていますから、現実の命というものが、どこかでおろそかである。煩悩の身、愚かな身、愚鈍の身が、それ自身はほとんど意味がないような生命、相対的な生命のなかで勝ったとか負けたとか、絶望するような事実に合うとか、そういうことなのですけれども、そこに無限大悲からの光の照射を受けるなら、それが仏性である。こういう非常に大切な信心、だから、この仏性こそキリスト教でいうところのスピリチュアリティに十分に応える意味をもっているのです。

もちろん、スピリチュアリティという言葉を生んできた背景と、その言葉によっていろいろな問題を考えている思想の事実があって、それとぴったり合うかどうかといえば、そういう課題が仏教の側にはあまりないかもしれませんが、本質としては対応しうる。だから、信心を本当にはっきりさせれば、社会生活における健康性というものも回復しうるのだという意味で、そういう方向性があって、それならば社会的に健康とは何であるかという問題が出てくるわけです。そういう問題については、まだ確かに仏教徒として、門徒として、本当に悪戦苦闘するということが足りていないだろうと思います。もっとも、「善悪のふたつ総じてもって存知《ぞんじ》せざるなり」(『歎異抄』聖典六四〇頁)というのが最終的な信心の落ち着き所ですから、人間が善人になってこの世をよくしていくということで浄土ができるなどという、そういう考え方はもう仏教からはできない。

問題としては、単に身体や精神が健康であるとか、社会的にも健康であるというだけでは、人間としてまっとうしているとはいえない。仏教徒であるなら、仏に成るということが成就しないなら、人間として生きて、地獄にいくような命というものが健康であるとはとてもいえませんから、それはやはり大事な課題です。そのことが、俎上に載せられなかったということは、やはり、仏教が力を失っているというか、仏教の側自身が本当にそういう問題を大事な課題として捉えていなかったということなのだろうと思うのです。

また、スピリチュアリティがまかり通ってしまうと、仏教がどこかに行ってしまうのではないかという、そういう心配が仏教者側にもあるのなら、それは誤解だと思うのです。

## 浄土と共に生きる
### ――煩悩の身のままに本願を証明する――

親鸞仏教センター主催で開催している「親鸞思想の解明」の講座に毎月一回、会場である有楽町の「東京国際フォーラム」に通って来られる方がいます。その方がこの間も、「自分としては、どうしても死後往生では納得できない」とおっしゃいます。死んだら往生で納得せよといわれてもそれだけでは納得できないというのです。どうしてもやはり「この世でお浄土なのだ」と。「お浄土」という言葉を使われるのです。しかし、この「お浄土」という言葉には問題が付いてくるのです。言葉には、言葉に付いている歴史があり、「浄土」とか「往生」といった言葉にも、そうした歴史の垢が、もうぴったり付いている。

お浄土という言葉は、死後の、いわゆるあの世と重なった言葉ですから、浄土に「お」を付けた途端に、もうあちらに往ってしまうわけです。浄土を生み出す願心ということがはっきりしていないで「お浄土」という場所を建ててしまって、それを「いまだ」というと、いまは、ここは穢土ではないのか。ここがお浄土だというと、それは変な話になるわけです。回転《えてん》とか、回心という問題を潜って本願に帰していくということを抜きに、「ここが、いまお浄土だ」などという話ではナンセンスです。「苦悩の娑婆、輒然《ちょうねん》として離ることを得《う》るに由《よし》なし」（『教行信証』「信巻」聖典二三五頁）と善導はいっていますが、矛盾だらけであり、解決できない差別があり、貧困があり、そして非業の死を遂げていかなければならない生命が無数にあるなかで、「このままが浄土である」というようなことは、それは全然、問題設定ができていないということです。

けれども、南無阿弥陀仏の信念に立つということが、どういう意味で無限とふれるのかという問題をとおして、初めていま現に本願の命のなかにあり、本願に支えられた命であり、本願をいま、自分が証明する命になるという、そういう積極性をもって、本願は単なる彼方ではない、彼岸の浄土はわれにあり、というような信念が成り立つというのが信心である。それが、回向の信心の質である。それを現生正定聚というのだ。――こういう意味で、有限なところに、無限にふれつつ歩むということをおろそかにしてはいけないのだと思います。また、歩むといっても、だんだんとどちらかに向かって進んで近づくことではない。生きているということが歩みなのです。煩悩の身のままに、本願を証明しつつ生きるということが本願の救いなのです。だんだん、だんだん浄土に近づくのではない。浄土と共に生きる。浄土と共に生老病死である。比喩的にいうなら、一如は、死のうが生きようが変らないといわれているのですから、一如は死んだら増えるわけでない。生まれたら増えるわけでもない。煩悩を起こしたら減るわけでもない。全部が本願のなかにあるのです。

だから、そういう眼が開けても、苦悩を起こしてくるさまざまな現象がなくなることはない。それを転じていく。煩悩の生活、苦悩の生活、矛盾だらけの生活を、本当に無限大悲への発遣の材料として生きていくということが、信仰生活であろうと思うのです。念仏して、社会問題や政治問題がなくなるということではない。念仏して消えるものでも消すものでもない。質が違う。無限にふれていくわけですから、有限の問題の解消ではないのです。そういう点で、この本願の信心をいただくということのもつ質の確認と、見失ってはならない大事な方向性というものを、われわれは念仏生活のなかに見いだしていかなければならないのではないかと思っております。

## 念仏がもたらす大きな功徳とは?
### ――往相回向・還相回向ともに如来の本願力回向――

現生が浄土なのだというのは、これは間違いなのです。もしそういう言い方をするならば、浄土の教えの本質が消えてしまう。どこまでも彼岸の浄土ですから、現生には正定聚に住するのです。もとは浄土の利益である正定聚の利益を、信心において恵まれるということです。浄土の利益を穢土に取ってくるのです。それを成り立たせるのが本願力回向です。自分の力で取ってくるのではない。本願力回向を信ずるなら、そこに思いがけず、いま浄土の利益をいただくのだという。こういうことが、「広大無碍の一心」ということがもつ意味であろうと思います。

還相《げんそう》の利益という問題は、こういうこと（還相の問題）を孕んでいることが親鸞聖人の信心の大変大きな意味でもありますけれど、これを下手に表現すると、自分が還相回向すると誤解する。つまり、自分が還相回向をして何か善いことをする、何か社会的に善いことをする、善根功徳を積む。困っている人がいればたすけてあげるなど、それが還相回向だという、そういう単純な自力主義に退転してしまうのですが、そうではない。

親鸞は、往相回向、還相回向ともに如来の回向だという確認を、何回も何回もしておられます。如来の本願力回向は、利他のはたらきですから、そのことをどういうふうにわれわれ自身が、本願の信心のなかにいただいていけばいいのかということは、本当に謎が多いと思います。うっかり表現し損なうと、誤解される。親鸞は、非常に注意して表現しておられます。その問題を抜きに、信心で自分一人がたすかってしまったということではないのです。「正像末和讃」には、

南無阿弥陀仏《なむあみだぶつ》の回向《えこう》の　恩徳《おんどく》広大不思議にて

往相回向《えこう》の利益《りやく》には　還相回向《げんそうえこう》に回入《えにゅう》せり　（聖典五〇四頁）

とあり、常に還相回向という課題が信心のなかには与えられていると思います。ただ、それは自分がするという発想になった途端、本願の救いではなくなる。ここが、やはり大事な押さえです。『教行信証』「証巻」の表現は非常にわかりにくい。「証巻」に表わされている「真実証」が、信心に対してどういう意味をもって語られてあるのか、そして、われわれはどうそれをいただいていけばいいのか。それは、未来の利益であるとされる。だからいま言うことはできない。秘密に伏せておく。鍵をかけた蔵のようなものです。開けてはいけない。開けてはいけない世界が「証巻」なのだとして押さえ込んでいる。いまだに、それはしゃべってはいけない。

でも、真実証を抜きにしたら、本当の親鸞の南無阿弥陀仏の信心の力というものは、すっかりなくなってしまうのではないかと思うのです。けれども、自分で鍵を開けて取ってくるとしたら、それは泥棒になってしまう。そこが難しいところです。一心が、つまり南無阿弥陀仏の信心が、広大無碍の質と金剛心という質をもっていて、そのことをわれわれがいただくのが正定聚の生活だと。揺れ動いていく心のなかに、南無阿弥陀仏と念ずる。南無阿弥陀仏が、一如の功徳を恵んでくる力をもっているのだという確認がなされていくということが大事ではないかと思います。南無阿弥陀仏の信心、ナンマンダブツの生活がもたらす大きな功徳があって、その功徳を、本当に如来からの表現としていただき直していくことが大事ではないか。

## キリスト教のスピリチュアリティと仏教

### ――キリスト教文化のなかで仏教を発信した鈴木大拙――

回向ということの内容を『教行信証』「証巻」の結びの言葉、そこに「広大無碍《むげ》の一心を宣布《せんぷ》して、あまねく雑染堪忍《ぞうぜんかんにん》の群萌《ぐんもう》を開化《かいけ》す」（聖典二九八頁）と、「大悲往還《おうげん》の回向《えこう》を顕示して、ねんごろに他利利他の深義《じんぎ》を弘宣《ぐせん》したまえり」（同頁）に即して前節では、その「広大無碍の一心」ということについてお話をしました。親鸞が、私たちの心のなかに起こる、本願力を信ずるという他力の信心が広大無碍という内容をもつとされて、「広大無碍の一心」とおっしゃっています。

ちょうどその話の前後に、昨年（二〇〇六年）あたりから急にマスコミでも報じられるようになるほど、スピリチュアルなものが流行ってきました。スピリチュアリティというのは、キリスト教の言葉というか、キリスト教では常識になっている言葉です。

現今の場合のスピリチュアルは、癒《いや》しというような言葉と重なっていて、例えばよく女性が好む岩盤浴とか、あるいはわけのわからない予言みたいなものでいい気持ちになるとか、さらには心霊的な、いわゆる心霊学というようなことに対していわれています。その精神操作によって癒しが起こると。そういうようなことにスピリチュアルという言葉が使われているわけです。

そういう問題よりも本当は、もっと深く、キリスト教のほうでは、キリストの信仰、キリストの命というものが、後に生まれてきた人びとに、時空を超えて大きなはたらきをもつとされます。スピリチュアリティ、イコール「霊性」と日本語では翻訳していますが、キリストという人を成り立たせた、イエスをキリストたらしめた、そういう神から来るものが、キリストを信ずる人のところに来るといわれます。

仏教から見ると、キリスト教の本質は何か神秘的というか、この世の合理的な、対象的な論理では決して語ることができない、何か超越的なものが、キリストという人を成り立たせるし、それを信ずることも成り立たせるという。だから、人間の理性で知る、考えてわかるということはだめだと。「不可思議なるが故に、我信ずる」という言葉もあるぐらい、理性が破られたところに信仰が成り立つのです。その破るものは何かというと「聖霊」だと。スピリチュアリティのスピリットというのは神の霊ですから、神の霊が、その神のはたらきが、後で生まれて、時間も空間も超えているようなところにはたらいてくるという。

実は、私がたまたま親鸞仏教センターにいるものですから、不思議な因縁で、日本人のキリスト教徒の人たちの集まりで話をしてほしいということがありました。キリスト教徒の人たちには、仏教や日本の宗教と対話しながら、できるだけキリスト教を宣教しようという意欲がある。特にプロテスタントよりカトリックのほうが諸宗教を取り込もうという努力をなさっているわけですが――本当のねらいは、日本の仏教と対話するというよりも、日本の仏教をどうすればキリスト教に取り込めるのかというところにあるようですが――、仏教とどこで理解しあえるかということを、一生懸命に探しておられる。

その試みの一つに、キリスト教の「聖霊」に当たるものが、仏教のどこにあるのかというような問いがあり、私にも、「仏教における聖霊」について話してほしいという依頼がきました。それで、私も厚かましくそのキリスト教徒の方々の集まりに出かけて行って、「仏教における聖霊について」という題で、一時間半ほどお話をしたことがありました。そういう問いを引き受ける手がかりは、実は、鈴木大拙先生にありました。

鈴木先生は若い頃アメリカに住んで、アメリカの女性と恋愛して結婚し、その後日本に帰国して、学習院大学で英語の教師になったという人です。ずっと、西欧圏に仏教を発信しようという強い志願をもち続けたお方です。たまたま縁あって京都の大谷大学の教授になられてから、英語で仏教を語るという努力を再開された。東方仏教徒協会（イースタンブッディスト）という協会をつくって、『*The Eastern Buddhist*』という雑誌を発行し始めたのです。

奥さまのビアトリス夫人も彼に大賛成で、もともとクリスチャンだったのですが、鈴木先生と結婚するときに仏教徒となって、仏教を母国アメリカに発信しようということに協力された。もっともビアトリス夫人自身は、一時、禅宗に、それから後に真言宗にといった信仰遍歴があって、本当にこれ一つというところまではいかなかったらしいのですが、とにかくキリスト教徒を捨てて仏教徒になられたお方です。

『*The Eastern Buddhist*』を鈴木大拙が編集して、それを欧米に発信するにはやはりネイティブの英語でないと、日本人が考えた英語では通じないわけです。そこで、ビアトリス夫人が校訂された（この方は大変才能のある人だったらしいのです）。鈴木先生は、よき伴侶というか、よき助手を得て、仏教の考えをアメリカに発信するために一生をかけられた。

一九二一（大正十）年、大谷大学の学長であった佐々木月樵（一八七五―一九二六）が鈴木大拙を大谷大学教授として迎えたわけです。鈴木大拙にすれば、宗教学という学問ができるということで、大変喜んで大谷大学に来てくださったそうです。それまでは、学習院大学といっても、英語の教師ですから宗教の学問ができないわけです。ところが大谷大学では、宗教学の名のもとに宗教学的研究を発信できるということで、鈴木先生のために「宗教学」という学科をつくって、そのための主任教授としてお呼びしたわけです。

鈴木先生は、帰国後もたびたびアメリカにも行っていたのでしょうけれど、大正から昭和の初めにかけて、日本は戦争に次ぐ戦争であった。日清、日露戦争の後、いわゆる太平洋戦争までの間、平和であったかといえば、決してそうではない。あちらでもこちらでも、小競り合いのような戦争をやっているわけです。そして一九三二（昭和七）年、いわゆる満州という国をつくるべく中国東北部に出兵していき、結局、一九四一（昭和十六）年には太平洋戦争に突入していくわけです。鈴木先生は、若いときからアメリカで生活してきて、アメリカという国の大きさとその秘められた力というものを見てこられた。それに比べて日本は、レベルが高い学問的能力をもってはいるけれど、国が小さい。資源がない。そういうことをよくわかっていたわけです。だから、この戦争は敗ける、やってはだめだと。そういってもあの時代は、もう止められない時代でした。

## 日本的霊性
### ――禅と念仏――

鈴木大拙は、敗けるのがわかっている戦争に入って行った日本を憂えて、たとえ戦争で敗けても、この日本の文化と思想は世界をリードするものであるということを発信しておこうと思われて、そのために書かれた論文が『日本的霊性』（一九四四年刊）です。ちなみに私が学生の頃は、単行本で鈴木大拙の『日本的霊性』とか『日本的霊性的自覚』『霊性的日本の建設』（一九四六年刊）などという本が、古本屋で手に入る時代でした。

鈴木大拙は、この「日本的霊性」という言葉で、禅と念仏とを語っているのです。禅は、鎌倉の円覚寺でふれた自分自身の仏教体験を語り、それと同時に、大谷大学で出遇った先生方や文献のなかで、非常に感動をもって、「日本的霊性」がここにも生きているというふうに感じたのが念仏であったわけです。

念仏のなかでも、妙好人《みょうこうにん》・浅原才市《あさはらさいち》（一八五〇―一九三二）という人が山陰にいたわけですが、彼は生き生きと南無阿弥陀仏の信心の喜びを生きている。そういう浅原才市という妙好人がいるということを、世に紹介した人が鈴木大拙です。下駄職人であった浅原才市は、文字をほとんど知らない。

その才市は、教育を受けていないにもかかわらず、削った鉋屑《かんなくず》にカタカナやひらがなが混じっている文字で、自分の喜びを書き記していた。寺本慧達師・藤秀璻師等によって、その法悦の詩が世に紹介され、それを鈴木大拙が見つけてきて、読んで感動した。それで日本には、世界に知らせるべき大切な精神的文化があるということで、『日本的霊性』を書いたということです。

これは当然、アメリカに発信すれば、「Japanese spirituality」ということになるのでしょう。そういうことで、鈴木大拙が仏教の精神生活の中心をスピリチュアリティという言葉で語ろうとしたということを思い出しまして、キリスト教の概念だから嫌だというのではなくて、日本のもっている本質にも、アメリカの一番大事なスピリチュアリティに相当するものがあるはずだと思えてきたのです。

## 仏教とキリスト教の信心の同質性
### ――神からの霊と如来回向の信心――

それを、いったいどういうふうに考えたらいいのかと私自身も問い直してみて、それで、あらためて親鸞の如来回向の信心のもつ意味を考えてみました。キリスト教でいえば、神からのはたらきが人間に来るということですから、これは、「聖霊」と訳される。こういうと、キューピッドが飛んで来るようなイメージなのですけれど、神のスピリットが人間に来るというイメージも、如来の本願のはたらきが衆生のなかに回向してくる「回向」というのも、「はたらきが来る」ということですから。

言葉にはそれぞれのニュアンスがあり、歴史があって同じとは決していえないのですけれど、同じような質の問題がある。

有限の人間、罪の深い人間が救われる契機、あるいは真実たり得る能力というものが与えられるという構造としてスピリチュアリティ、神の聖霊、神の霊。人間に、もともとある霊ではなくて、神からの霊という考え方と、罪悪深重の凡夫に如来の回向が来るという考え方とは、質として同質ではないか。そういうことから、キリスト教徒の人に仏教を、とくに浄土真宗の信心は、キリスト教でいうスピリチュアリティに十分応えるようなものだ、というお話をさせてもらおうとしたのです。ところが、聞いてくださる人たちは日本人なのですが、仏教を勉強されていないらしく、言葉がわかりづらくて、何かとても難しい話であったというような結果になったようです。けれども、私としては、その問いは大事な問いだという思いがありました。

## 清沢満之の問いかけ

### ――無限のはたらきと無限に向かって歩む存在との差異――

吉本隆明さんと一緒に講演をさせていただいたのを契機に（第五回「親鸞仏教センターのつどい」二〇〇七年四月二十四日、学士会館）、親鸞の信心と宗教的時間ということに関連して、「霊性的自覚と宗教的時間」（『現代と親鸞』第十三号、二〇〇七年十二月）という論文を執筆しました。これは、鈴木大拙の聖霊（Spirit）の問題と浄土真宗の回向の問題の同質性と差異性ということを考えて、この問題をはっきりさせることを意図したものです。回向という大きなテーマを、信心という立場で「回向の信心」ということで考えていくと、われわれに起こる心ではあるけれど、その本質は如来の心だと。如来と同質の心だというところまで、親鸞は明らかにした。われわれの心は浅いし、小さいし、汚れているにもかかわらず、そこに広大無《む》碍《げ》、つまり、碍《さわ》りのない、限定のない、大きな心が生ずるのだという。それが、仏教の救いであるという非常に大きな展望を、親鸞は開かれたのです。

広大無碍というのは名号のもつ意味でもあり、「無碍光」といい、「無《む》辺《へん》光」といい、阿弥陀という名自身がもっている広大無碍という意味が人間に来るということです。そういう広大無碍の心、それが、煩悩の衆生に、われわれ愚かな凡夫に起こるということです。

親鸞仏教センターの研究会で清沢満之の「有限無限録」（『清沢満之全集』第二巻一〇一―一五〇頁）を読んでいるのですが、そのなかに「無限の信心」という言葉と、「無限的眼光」「無限的精神」という言葉があるのです。この「の」という言葉と「的」という言葉は、日本語ではほとんど同じように使います。中国語ですと「的」というのは、日本語の「の」に当たる使い方をするわけです。何々的《ダー》何々といったら、「的《ダー》」は日本語の「の」に当たるような使い方になる。だから、もともと別に違いはないのでしょうけれども、清沢満之が使うときには、デリケートな違いを感じさせるように使っているということを研究員が指摘しまして、大議論になったのです。大変おもしろかったです。

清沢満之が「無限の信心」というと、その信心の質は如来回向の信心ですが、清沢満之は親鸞の言葉を背景にして、できるだけ宗教用語、仏教用語を使わずに語ろうとしますから、無限の信心ということをいうのです。しかし信心は、信心と使う。その無限の信心という場合は、信心が無限である。無限からきた表現であり、無限の現れであるから無限であると。ところが「無限的」といった場合は人間に起こる事実を表わす。つまり、「無限的眼光」といえば、人間の眼は無限ではないが、無限のはたらきを受けてみると、本当は無限に見えていかなければいけない。だから本来あるべき相があり、それに背いている人間があって、本来への方向性が与えられる。有限であるけれど、無限の方向に向くことができるようになった存在と成る。無限そのもののはたらきと、無限を受け止めて無限に向かって歩む存在との差異です。その差異を、清沢満之は「無限の信心」と「無限的眼光」といっている。そこに、「的」という字を入れたときには人間の側の受け止めだ、というふうに使っていると研究員の一人が言うわけです。

確かに、「有限無限録」を読んでみると、清沢満之が意識して使ったかどうかはわからないけれど、そういうふうに分けることができるように清沢満之は書いている。たぶん意識していたのでしょう。それは、清沢満之の「絶対他力の大道」のなかに書かれています。

請ふ勿れ、求むる勿れ、爾《なんじ》、何の不足かある。若し不足あり思わゞ、是れ爾の不信にあらずや。如来は、爾が為めに必要なるものを、爾に賦与したるにあらずや。若し其賦与に於いて不充分なるも、爾は決して、此以外に満足を得ること能わざるにあらずや。

蓋《けだ》し爾自ら不足ありと思いて苦悩せば、爾は愈々《いよいよ》修養を進めて、如来の大命に安んずべきことを学ばざるべからず。之を人に請い、之を他に求むるが如きは、卑なり、陋《ろう》なり。如来の大命を侮辱するものなり。如来は侮辱を受くることなきも、爾の苦悩を奈何《いか》にせん。

（『清沢満之全集』第六巻一一一頁）

いま、与えられている状況に悩むということは、与えられている状況以外に自分がないということがわかっていないからではないかと。いま、与えられている状況しかお前にはないのだ、ということを本当に知り直せと。如来の大命に安んずること、如来が与えてくれているあり方、それ以外にお前はないではないかと。

そういうふうに、自分自身が自分のあり方をしっかりと知るということを、修養という言葉で「爾は愈々修養を進めて、如来の大命に安んずべきことを学ばざるべからず」といわれる。自分が如来の教えを受けたなら、この存在の事実は動かざる事実である。いくら不平不満を言おうと、事実は事実だという。そのことをしっかり知るということ。それを自分が認められないということは、結局、事実を事実として認められないということであるから、如来の大命、すなわち存在の事実が、ここに与えられているということを頷けないということは、眼が開けていないということである。だから、眼を開き直して、事実そのものに帰るという、こういう呼びかけです。

## 近代社会がつくる矛盾
### ――清沢満之の問題点――

ただこれは、なかなか難しい問題です。特に近代社会にあっては、人間社会がつくり、人間社会が生み出している苦悩といいますか、人間の社会的構造として、不合理性というものが生み出されているという問題があって、これに眼をつぶって、何でもかんでも満足せよというふうに読んでしまうと、それは本来の、本当の宗教的意味が、どこかで曲げられてしまうと思うのです。人間の苦悩の事実というのは、はっきりとは分けられないけれど、どれだけ科学が発達しようと、あるいは、よし地球が分裂しようと、どうにもならない問題はあるわけです。もちろん、努力したり、考えを変えれば直していけるという面もあるわけですが。そこが難しいのですけれど、近代に入って、近代社会というものは、人間社会がつくっている矛盾や間違いというものの範囲が大きくなった。自然を相手に畑を耕したり、川で魚を捕ったりしている生活であれば、嵐が来るとか地震が起こるというのは、いくら不平を言ってもこれは仕方がないことですから、当然それは、起こるべきことが起こったのだと頷く以外に道がないわけです。けれども近代社会は、人間同士がつくっていて、そこに政治や経済が生み出す不合理な矛盾がいっぱいあるわけです。だから、直すべきところは直さなければいけない。人間の理性をとおして直さなければいけないという部分は、随分大きな割合を占めるであろうと思うのです。

そのような問題が起こってきているから、清沢満之の言葉というものが、どこかで批判をされるような場合もあるのだろうと思うのです。けれども本質は、有限なる人間、この愚かで、わがままで、煩悩の強い人間が、与えられてある現実というものに必ず不平不満をもって生きざるを得ない。その本質の部分において、眼を転ずるということを呼びかけているわけです。「爾は愈々修養を進めて」という。これは、自力ということを言っているのではなくて、如来の眼に出遇いながら、如来の大命、如来の思し召しだと頷けないわれらの心、そこに常に落差を感じて歩めということです。

近代以前の他力の信心は、全面的にありがたいと思えというような布教であったわけです。そうすると、それは為政者にとって大変都合のいい、つまり、徳川家康が「見ざる、聞かざる、言わざる」で、本当のことは教えないで、「お前ら、それで満足しておけ」といったような政治をずっと行っているのを、まあ、積極的に補佐するというよりも、結局、それを補佐するようなかたちの信心であったわけでしょう。「与えられた状況に満足せよ」と。ある意味でいえば、「もう、お前の与えられた状況、それはお前の宿業なのだから、それで満足せよ」と。外から、そういうふうに決めつけられて、自分が生まれてここにあることの意味を問うとか、自由を要求するとか、そういう気持ちは、一切起こせないようにしてしまった。

確かに、与えられた状況に感謝し、与えられた状況を受け止めて、喜んでそれを生きていくということは、人間にとって大変積極的な意味があるし、不平を言ってコンプレックスをもったり、ストレスを感じたりしているよりは、感謝して、喜んで前向きに生きていけば人生は明るいですから、それだけでも救いになるわけです。けれども、それが結果的に、単に状況に妥協しているだけで、本当は大きな矛盾があって、それに気がつかなければいけないものを見過ごしてしまうようなことであったら、特に、近代という問題になると、それでは、やはり問題がどこか抜け落ちているということになるわけです。近代社会というのは、とにかく人為的に、明らかに間違いであったり、正さなければならない誤りを見過ごしてはならないという問題と、自分の与えられた、有限な命というものを、そのまま受け止めるという智慧とが、どこかで両立しなければならない。大変難しいことです。人間は、限りなく有限の命に満足できずに、無限を求めて歩もうとする。与えられた状況に満足できない心をもち続けようとする。でも、現実は有限ですから、その望みは挫折せざるを得ない。それが苦悩を招いても、それをあきらめることができないのが人間です。だから、どこかでそれに本当に満足しながら、しかし、大切な眼は失わないということが、どうして可能かと。そういうことを成り立たせるものが、親鸞の明らかにした如来回向の信心ではないかと思うのです。

## 思想の問題
### ——事実を言葉で表現し直す——

例えば禅では、悟りを開いたら、とにかく出遇って、一挙に開けたら、もうそのままでいいという。「日々是好日《ひびこれこうじつ》」です。「喫茶《きっさ》喫飯是仏道《きっぱんこれぶつどう》」で、すべてが仏法だと。もう何の矛盾もない、何のこだわりもない、自由自在であると。確かに、鈴木大拙の人柄は、本当に自由自在にはたらいているところがありました。

そういう精神、自由自在な精神と、しかし時代のなかで、戦争状況にぶつかったり、生活苦にぶつかったりということはあるわけです。そこに、やはりその問題を有限なる苦悩の身と、無限なる開けとがどういうふうにぶつかるのかということを、宗教言語のうえで、構造的にきちんと語るということが、どうも禅には足りないのではないかと、私は、そういうふうに思ったわけです。

安田理深先生は若い頃に曹洞宗系の禅の寺に入り、坐禅でほとんど悟りを開いたと自分でもおっしゃっておられました。十代で印可を受けたと。ある意味で宗教的に、非常に早熟な方であったようです。安田理深先生の付かれた和尚は、鳥取の大きなお寺の和尚であったそうですが、のちに、福井の永平寺の貫主になられました。だから、その和尚はとても力のあった方です。その人に、若い頃たまたま付いて印可を受けた。もう、お前は免許皆伝だと。このお寺の跡を取れと言われたそうです。そのくらい見込まれたのに、どうしても自分はこの禅だけでは物足りない。そう思っていたときに、金子大榮先生の『仏教概論』という本に出会って、京都へ出てきたとおっしゃっていました。物足りないというのは何の問題かといえば思想の問題だと。悟りの問題でなくて思想の問題だとおっしゃいました。思想の問題ということは、言葉で人間のぶつかっている問題をはっきりと表現し、論理化し、現実の事実というものを言葉で表現し直していく、そういう努力を指すのでしょう。

ところが、もう悟ってしまった、というと、そこには言葉がないわけです。でも現実には、やはり有限な身を生きていますから、ぶつかる苦悩があるわけです。それを全部、無限に解消してしまって、直接、無限を体験するような世界を生きようとする。それは、ちょっと見には、非常に豪放磊落《ごうほうらいらく》、きれいなようであるけれども、現実の矛盾や現実に起こる苦悩をきちんと言葉にし、それを発信するということをどこかで消してしまうところがある。そういう問題ではないかと思うのです。前述の「の」と「的」の問題も、「無限の信心」と「無限的眼光」というような言葉でいったときには、「の」と「的」という言葉だけではないですが、しかし使い分けて、有限の側が無限に接していることによって開ける眼。それは、単なる有限ではないけれど、もう無限になってしまったというわけでもないと。悟りを開いた、というのとは違うわけです。愚かな凡夫であり、罪悪の心をもって生きている。どうしても、すぱっときれいにならない。しかし、無限なるもののはたらきを、どこかでいつも感ずるということです。

## 信と証との境目に立つ
### ——位を異にしながら接する——

そういうところに、清沢満之が苦労して表現しようとした有限と無限の関係の問題がある。親鸞の信心も、『教行信証』「信巻」には如来回向の信心ですから、本願のはたらきによって真実が人間に来ると。「広大無碍の一心」、あるいは「金剛の信心」であるという。私たちの心は本当に揺れ動くし、情けないほど弱い。変わらない心などというものはもち得ない、にもかかわらず、本願を信ずる、名号を信ずるという信心は金剛であるという。もう壊れないのだ、とまで親鸞はいうわけです。壊れないような信心ということは、人間に成り立つのだろうか。どんな状況がきても、決して壊れないという人間存在の深みにまで、杭が打ち込まれたような心。比喩的にいえば、人間のはらわたを突き破って、地獄の底にまで杭が届いたような心。そういうものに貫かれたら、もう動きが取れないのだと。もう、変わらないのだと。そういうような確認が親鸞の信心だろうと思うのです。だから、「金剛の信心」「金剛不壊の信心」といわれる。では、それは覚りかというと、覚りではない。罪悪深重の凡夫、救いがたい、救われることができないような衆生であるという事実と、変わらざる信心をいただくということが矛盾せずに一つになっている。人間にとって「証巻」は、大涅槃という課題です。大涅槃という課題は、これは本願のなかにあって、第十一願という願によって誓われていて、「必至滅度の願」といわれている。「必ず滅度に至る」、大涅槃に至ると。「証大涅槃の願」ともいわれている。大涅槃を証するというその課題は、「証巻」の証というところに置かれている課題です。それで、われわれがいただくことができるのは信心であると。この「信」と「証」の関係が『教行信証』を読んでいても、何か、わかったようなわからないようなものなのです。

先ほどの「霊性的自覚と宗教的時間」にも書いたのですが、それに積極的に取り組んだのが曽我量深です。その曽我先生が積極的に取り組んだ課題の一つが「欲生心」です。「欲生心」と第十一願文の課題。これを北海道での体験を潜って「分水嶺《ぶんすいれい》の本願」と名づけ、「信」と「証」との境目、そこに信と証とは、位を異にしながら接すると。われわれは、その境目に立つことができるということが、「回向の信心」であるという理解です。

そして「証」は、やはり未来であると。未来であるけれども、いままでの教学であれば、死後、未来といったら死後、死んでから後だというふうに決めてきたけれど、曽我先生は、そうではなくて、現在にとっての未来は、念々に未来に接するところに現在があると、そういう表現です。これが、なかなかわからない。結局、われわれの眼は、常に現在から未来へという発想で、未来ということを考えようとするからよくわからない。曽我先生は、そこを「当来」と。当《まさ》に来たるべき、つまり、未来の側から現在に来るという時間だという言い方をされていた。これも、何かよくわからないのです。

## 生きている事実がどうして成り立つか
### ——二重生命論——

このたびたまたま出会うことのできました、生命科学者で「場の研究所」所長の清水博先生が、「場」という言葉で「二重生命論」ということをおっしゃいました。生命とは何であるかということを探究していくと、いまの科学の方法で、分析的に、要素に解体していくと生命というものはなくなってしまう。生きているという事実は、どうして生きているということが成り立つのかということは、分析的方法でこの細胞の中の遺伝子とか、そういう細かいところまでつっこんでいけばわかるかといえば、わからない。むしろ、そういうものが、総合されて生きているという事実があると。つまり、生きているという事実がどうして成り立っているのかということを、われわれはどういうふうに理解したらいいのかということを、清水先生はご自身が苦労して、考え抜いてこられて、そして「二重生命」ということをおっしゃるわけです。

二重生命ということは、イメージ的には、われわれの身体というものは細胞から成り立っている。細胞が一重生命であるとすれば、細胞の集合体として身体がある。それぞれの細胞は、全体の身体をどこかで映していて、それぞれの部分にありながら、全体と矛盾せずに、自分のはたらきをきちんとやっていると。それを清水先生は、鏡というのです。生命の鏡というのです。鏡という言葉も謎のような言葉ですけれど、ともかく肝臓の細胞は、肝臓にいながら腸の細胞とも違う、手足の細胞とも違うということをどこかで知りながら、自分の生命、この身体全体のはたらきのなかで生きている。心臓は心臓で、神経細胞と違うのだけれども、どこかで響き合って、神経が緊張すると速く動くなど、そのように心臓の神経なり、筋肉なりを成り立たせている細胞は、その部分にありながら、全体を映してそのはたらきをきちんとやる。しかし、細胞自身は非常に短い生命を尽くして死んでいくのです。

新しい細胞はどこから生まれてくるのか私は知りませんけれども、細胞は一方でどんどん死んでいきながら、新しい細胞がまた生まれてきて、それで体全体は入れ替わりながら生きている。何年か経つと、全部入れ替わるのだそうです。細胞が死んでいく前に、次の細胞をきちんとつくっていくわけでしょう。発生の初めは分裂です。分裂しながら増えていき、身体にまで増えていくわけでしょう。

いったん作り上げたうえで、今度はどういうふうに新しい細胞を生み出してくるのか知りませんけれど、ちゃんとそういうふうになっているわけでしょう。繰り返しになりますが、一つの細胞がずっと一生、生きるわけではありません。部分の生命は全体の生命のなかにあって、生きて死んでいく。その全体がまた生きている。その生命体の構造は、一人ひとりの生命を、全体の構造が包むということです。例えば、組織でいえば、会社や学校、また親鸞仏教センター主催の共同の聞法会とか、何か、そういう会というものがどうして成り立つのかというと、個体がいて、個体の人たちが共同で何かに関心をもったり、利害をもったりして寄り集う。そこに独自の雰囲気とか、気分とかができるでしょう。

これは例えば、大企業が合併すると、なかの人たちは大変だというのです。大企業が合併して、一つの会社に二つの組織から人が入ってくると、いろいろな点で上手くいかないことが多いのだそうです。入社の後、その会社で育てられて生活していると、それぞれの違いが目立ってくる。共同体には、共同体の「いのち」があるというのが清水先生の考え方です。だから、二つの生命体を無理矢理に合体させるものだから、その世代の人たちがいなくなるまで、どうしてもぎくしゃくぎくしゃくが続くのだそうです。ところが、合併後、まったく新しくその会社に入ってきた人たちは、そういう問題は感じないですむのです。

それを清水先生は、一つの生命体と、こう名づけるのです。これはどうしてかというと、「もの」としての「いのち」ではなくて、「こと」としての「いのち」というふうにおっしゃるのです。「こと」というのは、何々をすることというはたらきだと。はたらきを、何かのはたらきがあるものを一つの生命体と考える、この考え方は、唯識の意識の考え方とよく似ています。

唯識《ゆいしき》を、特に護法《ごほう》唯識で意識をいうときに、例えば心理作用でいえば、一つひとつ心理作用を分析して、これは妬み、これは僻みと、言葉として名前がそれぞれ付きます。名が付けられると、その名前に定義が与えられる。それは何か実体があるのではなくて、作用、はたらきです。どういう心理作用であるのかと。作用が存在だ、作用が実在だという考え方です。生命を考えるときに実体を立ててはだめだ、作用が実在だという。これが護法唯識の一貫した考え方です。言葉があると、われわれはどうしても実体があるように考えてしまう。でも、実体ではなくて作用があるのです。

清水先生の生命論も、生きているということは作用なのだと。だから、はたらきが生命体だと。「体」というと実体があるように思うけれども、「もの」ではない。作用があるのだ。作用があるということで、言うならば人間が集合して、一つの組織をもてば、それが生命体という意味をもつと言われる。毎日、一緒に生活したり、通ったりすると、そこに独特の文化や伝統や考え方というものができてくるわけです。それが一つの生命体だと。その生命体の中に、また個体がいるという。だから二重生命である。生命は、必ず二重の構造をもつのだというのが、清水先生の生命論です。

そして、常に個は「場」に包まれる。「場」は、固定した場ではなくて、個が「場」をいつも打ち破っていく。打ち破られた「場」が、また個を包んでいくというふうに生命を考えていこうとする。清水先生は、何でも分析的に「もの」として、「もの」を分析していくという、そういう科学的な方法論の行き詰まりと、何かそれが、この地球を崩壊に導くのではないかという危機感とを感じておられて、先生の発想の根には科学の論理として、それを救う論理が立てられないかという思いがあるのだそうです。特に、生命科学というものに対して、分析的に要素に還元していくのではなくて、生きるはたらきを統合的に見ていくということが、科学的論理として立てられないかという試みをしているのだそうです。

## 未来から現在に来る
### ――命の「場」と真実証の問題――

不思議なことにその試みと、われわれが出遇っている、親鸞の教えを受け伝えてきた近代教学の曽我量深、安田理深という人たちの思想とがぶつかったわけです。そうすると、われわれがたすかるとか、たすからないとかと言っているけれど、それは大きな「場」のはたらきからいただく力が、個体としての私を支え、個体としての私を破って「場」のほうに命が出ていくといいますか、その「場」は未来から来るという清水先生の発想が、曽我先生の「真実証」が未来から来るという発想と重なるのです。

一重的に、過去から現在、現在から未来へというわれわれの生命感覚に対して、本当はそうではない。常に、未来のほうから何か条件が与えられてきて、現在が動くのであると。それを清水先生は、サッカーを喩えにされます。つまり、ボールが出ると、ボールに向かって選手が走る。まだ、そこに選手がいるわけではないところにボールを蹴って、そこに向かって選手が走るということでゲームが成り立っていくという。あれは、つまり常に未来から来る時間を現在が取る。現在から未来へというよりは、未来から現在に来ているという。そういう一つの場的表現として、サッカーというゲームの場面を出すわけです。イメージとして、それは非常にわかりやすいのです。

そういうかたちで、真実証という課題を、死後の問題ではなく、現在に常に向こうから来てはたらくもの、つまり、無限なるものが有限なるわれわれにはたらく構造は、未来から現在に来るという。現在が未来にいくのではなくて、常に現在は、未来から照らされ、未来にはたらきかけられて歩んでいくという構造です。そういう構造と、先ほど言った「爾は愈々修養を進めて、如来の大命に安んずべきことを学ばざるべからず」という歩みとは、何か重なってくるのではないかと思われます。

だから、「回向の信心」「たまわりたる信心」ということが固定して決まってしまうというよりは、確かに、「正定聚《しょうじょうじゅ》」という位《くらい》が与えられるということは、ある意味で動かざる大地を感ずるということですけれど、固定するのではなくて、どれだけ動いても壊れないような立場がある。立場があるから歩んでいけるといいますか、そういうふうに動くものとして、はたらくものとして考えていかなければならないのではないかということを思います。

# はたらきつつある「名」
## ——「名号は動名詞だ」——

それで思い出したのは、曽我先生が「名号は動名詞だ」とおっしゃったことです。つまり、単なる名詞ではない。はたらきつつある「名」であると。むしろ、本当は動詞であると。名詞のかたちをとった動詞であると。本願のはたらきは、本願というけれど、本願という「もの」があるのではなくて、本願ははたらきである。大いなる願いがわれらに呼びかけ、はたらき、われらを目覚ませようとしている。われわれが、そういう言葉を聞いて何かを感ずる。ただし、実体があるのではない、感じさせる「こと」を名として立てるけれども、実体があるのではない、と。

われわれは、それを実体で感じようとしても感じられないし、われわれ自身がそれを求めたり、それに何か呼びかけられるような感じをもったりするわけです。そのはたらきを本願と名づけ、その本願のはたらきが名となって、われわれに具体的に与えられている。だから動名詞である。その動名詞にふれた信心自身が、もし固まってしまったならば、それは、邪定聚の信心なのでしょう。正定聚の信心は、決まったかたちというよりも、内容としては、常に愚かな身が照らされるかたちで歩んでいく。無限に歩んでいくという過程をもっている。そういう無限に歩むというかたちでものを見るところに、現実の矛盾も見るし、現実への批判も当然生まれる。何でも妥協して、という歩み方であれば、それは戦争体験のときに、生きているうちは天皇陛下だ、死んでから阿弥陀如来だと、そんな論理にすり替えられて、間違った国の圧力に真宗門徒がみんな巻き込まれたことと同じ事態になる。ああいう間違いは二度としてはいけない。間違っていることは間違っていると明言する。回向の信心だから、もう全部問題がないというのではなくて、歩んでいく存在になれるということが大切なのです。

## 純粋未来
### ――本願力回向に支えられて分水嶺を歩む――

そういう歩みをすることは自力ではない。それは、本願他力のなかにあって、それに背くような心をもった人間でありながらも、現実の矛盾も見て、現実の批判もして歩んでいく存在として歩み続けるということが与えられる。こういうことが成り立つのが、他力の信心なのではないか。その歩んでいく方向は、「純粋未来」である。それは向こうから与えられる。こちらから歩んでいくというよりも、向こうから与えられて歩まされる。そういう構造が、「信」と「証」との関わりで、曽我先生がおっしゃる「分水嶺を歩む」ということです。その歩みは、本願力回向に支えられて踏み出せるのです。

清沢満之は、「独立者は常に生死巌頭に立在すべきなり」(「絶対他力の大道」『清沢満之全集』第六巻一一二頁)といっている。独立者というのは、本願他力を生きる者、一人ひとり独立者である。誰かに依存して立つのではない。独立者、それは一人ひとりが無限なるものの前に立って歩む。生死の巌頭に立っているのだと。比喩的にいえば、分水嶺でしょう。分水嶺を生きる。そこに死して生きると、死して甦《よみがえ》るというような意味をいただきつつ歩む。そういうことが「信」と「証」との関わりにあって、だから「願生彼国　即得往生」が念々に、ここに成り立つのだと。「即得往生」してしまうのではない。願生している間はまだ生きていて、死んでから得生するのだという話でもない。

「願生彼国　即得往生」が、念々に、ここに成り立つから、「現生正定聚」と言いうるのだと。こういう親鸞の教えの展望です。親鸞自身がどこまで言い得ているのかという問題と、そこからわれわれが現代の問題として酌《く》み取って、生きた信仰としていただき直さなければならない課題とがあるというふうに思います。

# 第三章　回向の構造

## 浄土に生まれたいという意欲
### ――願生心が無上菩提心――

最終章においては、『浄土論』の「浄入願心章」の次にある善巧摂化章《ぜんぎょうせっけしょう》についてお話しします。親鸞は、菩薩の巧方便回向《ぎょうほうべん》ということについて、「証巻」に曇鸞の註釈を引用されています。

「何者か菩薩の巧方便回向。菩薩の巧方便回向は、謂《い》わく礼拝等の五種の修行を説く。所集の一切の功徳善根は、自身住持の楽を求めず。一切衆生の苦を抜かんと欲《おぼ》すがゆえに、作願《さがん》して一切衆生を摂取して、共に同じくかの安楽仏国に生ぜしむ。これを菩薩の巧方便回向成就と名づく」（論）とのたまえり」（『教行信証』「証巻」聖典二九二頁）。ここは、天親の言葉です。その天親の巧方便回向成就ということについて、曇鸞が註釈をされる。それは「王舎城所説の『無量寿経』を案ずるに」（同頁）という言葉から出てきています。この部分は『無量寿経』下巻の本願成就文といわれる部分が終わった次の段、その段は三輩段といわれて、第十九願成就文ともいわれるのです。

第十九願、つまり、「諸行往生の願」といわれる願、諸行ですから行がそれぞれ異なる。その異なり方によって、異なる行の内容によって人間の機類が三つに分かれる。それで三輩（上輩、中輩、下輩）というわけです。

『無量寿経』を見てもらいますと、「それ衆生ありてかの国に生ずれば、みなことごとく正定の聚に住す。所以は何ん。かの仏国の中には、もろもろの邪聚および不定聚なければなり。十方恒沙の諸仏如来、みな共に無量寿仏の威神功徳の不可思議なることを讃歎したまう。あらゆる衆生、その名号を聞きて、信心歓喜せんこと、乃至一念せん。心を至し回向したまえり。かの国に生まれんと願ずれば、すなわち往生を得て不退転に住す。唯五逆と誹謗正法とを除く」（聖典四四頁）と、ありますが、本願成就の文といわれる下巻初めの大切な部分で、ここに、第十一願、第十七願、第十八願の成就文と押さえられております。この第十一願、第十七願、第十八願という三願の成就ということに着目して、親鸞聖人が『教行信証』を構想したのではないかともいわれるところです。つまり、行信証ということが、第十一願、第十七願、第十八願の因果で成り立つわけです。そういう部分があって、その次から、三輩章という段になっています。ここは、「十方世界の諸天人民、それ心を至してかの国に生まれんと願ずることあらん。おおよそ三輩あり」（同頁）と出ていまして、上輩、中輩、下輩と分かれる。その下輩の部分が終わるのが、聖典の四六頁の中ほどです。

ここについては、曇鸞がここに取り上げるし、源信も取り上げられますし、法然が『選択集』のなかで、三輩章というのをもうけられて、この問題を取り上げられます。非常に大事な章なのです。

それについて、曇鸞が、巧方便回向の内容として註釈のために取り上げているのです。親鸞は、「証巻」にそのまま全文を書いておられるわけですが、「信巻」には、天親の言葉は載せずに、直接、曇鸞の註釈の文章を、「『論註』に曰わく、王舎城所説の『無量寿経』を案ずるに、三輩生の中に行に優劣ありといえども、……」（聖典二三七頁）と引用されます。

親鸞は、何のためにここを「信巻」に引用するかというと、ここは菩提心の問題、つまり、信心は菩提心であるということが述べられており、それを、「信巻」の大事な課題として、ここに展開される。

われわれがいただく信心、南無阿弥陀仏の信心は菩提心である。普通の菩提心、自力の菩提心、自分で修行して仏になろうという菩提心、それが普通は菩提心だといわれるのですけれども、そういう菩提心は、自力の菩提心であって、愚かな凡夫が仏に成ることはできないという自覚のときに、自力の菩提心は役に立たない。その自力の菩提心は要らないと、法然はおっしゃった。けれど、菩提心がないなら、仏になる可能性はまったくない。菩提心がブッダ（buddha）になる。ボーディチッタ（bodhi-citta　菩提心）が、仏陀になる。因果として、菩提心の因が、果として仏陀に成るわけですから、菩提心がないなら、仏陀には成らない、そうすると仏教ではないということになる。法然は、そのようなことは無視して、愚かな凡夫も如来の大悲のはたらきで、南無阿弥陀仏を称えれば、浄土に往生する。浄土に往生すれば、そこには必ず仏にしようというはたらきがあるのだから、仏になるのだ。だからみんな南無阿弥陀仏を称えて浄土に往生すればいいのだから、菩提心は要らないとおっしゃった。

けれども、明恵は、菩提心がない人が生まれるような場所は、それは仏法の場所ではない。外道だというふうに非難された。親鸞はその非難を受けて、浄土は阿弥陀如来の浄土、これは仏陀のはたらきの場所ですから、仏法以外のはたらきの場所ではない。浄土は、仏の声や、法の声や、僧の声がして、鳥の声さえ法の声だというふうに教えられているのに、外道の場所だなどといわれては困る。それで、その浄土に生まれたいというその意欲、それは人間が起こす外道の心ではなくて、これは如来がわれわれに呼びかけているお心である。だから、それを信ずる心は、そのまま如来の大悲によって、菩提心の意味をもつと、だから仏に成るのだということで、信心が菩提心だということをここで論じられるわけです。

その論証の証拠の一つに、曇鸞が取り上げられた、この三輩章の言葉を引用しておられるわけです。三輩章、上中下と三輩の機類の違いはあるけれど、「みな無上菩提の心を発せざるはなし」（聖典二三七頁）と。曇鸞が、そういうふうにおっしゃる。「この無上菩提心は、すなわちこれ願作仏心なり。願作仏心は、すなわちこれ度衆生心なり。度衆生心は、すなわちこれ衆生を摂取して有仏の国土に生ぜしむる心なり」（同頁）と、こういう言葉を信心の内容として引用されているということです。だから、「このゆえにかの安楽浄土に生まれんと願ずる者は、要《かなら》ず無上菩提心を発《ほっ》するなり」と、願生心が、無上菩提心だという論証として、親鸞は、「信巻」に引用される。「信巻」には、そういうふうに引用されるのだけれど、もともとの註釈のある場所は、巧方便回向の内容である。

巧方便回向というのは、回向門の果として、つまり、五念門行の回向門の果として説かれている内容です。それを親鸞は、五念門全体の菩薩の行は、『無量寿経』の法蔵菩薩の行だと。つまり本願力のはたらきを表しているのだといただいた。本願力の行の結果として、巧方便回向ということがいわれてくる。巧方便回向の内容として、菩提心の問題を、曇鸞が註釈に使っているわけです。法蔵菩薩の願心の内容としての菩提心、だから無上菩提心だと。こういう内容を、親鸞の引用の仕方は、「おおよそ回向の名義《みょうぎ》を釈せば、いわく己《おのれ》が所集の一切の功徳をもって、一切衆生に施与《せよ》したまいて、共に仏道に向かえしめたまうなり、と」（同頁）と。これは、菩提心なのだけれど、背景は、法蔵菩薩の願心である。法蔵菩薩の菩提心の回向が衆生に与えられたものであると。こういう言葉として引用しているわけです。

これが、私は、よくわからなかったのです。つまり、普通は、われわれは、信心というと、自分に起こる信心、私が、どう信ずるかということですから、その内容に、それが菩提心だとおっしゃってくださるのはありがたいのだけれど、それが「一切衆生に施与したまいて」とは、いったいどういうことなのかわからない。

曇鸞の註釈は、回向門が善巧摂化章として展開されていて、菩薩のはたらきだと、菩薩の修行だといわれる。菩薩の修行という意味は、天親自身が、「自身の住持の楽を求めず、一切衆生の苦を抜かんと欲うがゆえに」（聖典一四三頁）と、自分で住持するような楽しみ、自分でたもち続けようと、自分で支えようというような楽しみを求めない、一切衆生の苦を抜かんとするのだとおっしゃる。五念門の修行の意味は、一切衆生の苦を抜くための行であると。そして「一切衆生を摂取して共に同じくかの安楽仏国に生まれんと作願せり」(同頁)と、そういうことが、菩薩の巧方便回向なのだとおっしゃいます。だから、この回向は、一切衆生に与えんがための修行として積んだ功徳全部を、一切衆生を救うために振り向けるという意味だと、天親が書いています。そういう心だから、無上菩提心だと曇鸞はいう。そういう無上菩提心を成就するような心というのは、凡夫の心ではなくて、法蔵願心だと。しかし、その法蔵願心の無上菩提心を私たちの信心だと親鸞はいうが、どうしていえるのか。その繋がりが私には、よくわからなかった。どういう論理なのかということがよくわからなかったのです。

これは、私たちに、南無阿弥陀仏を信ずるという心が起こる、これは現実というか、事実として凡夫の上に信心が起こる。ということと、法蔵願心が五念門を修行して、積んだ功徳を一切衆生の救いのために回向するということとが、重なってくるということを、どういうふうに親鸞は、論理的に語ろうとするのか。

## 事実を成り立たせている無限大悲のはたらき
### ――迷っている衆生を拝む――

この点について、私は、「場の研究所」所長の清水博先生によって、生命の二重構造ということを教わりながら考えていて、次のように考えればいいのではないかと思ったのです。

南無阿弥陀仏を信ずるということは、南無阿弥陀仏を信ぜよ、信ぜよという教えの言葉を私たちが教えられながら、聞いている。その聞いていることを、自分で聞いていると思っているけれど、自分で聞く心を起こさせるはたらきは、どこから来るのか。そして、聞いていって、その聞いていったことによって、無限なる大悲が、私たちを救うのだと頷くということが、どういうことなのか。こういうときに、現実に表に顕れて、私たちが信ずる、私たちに南無阿弥陀仏を信ずることができるという事実が起こるということと、その起こることを成り立たせているものの無限性といいますか、そのことを、立体的に、理解するなら、起こるのは私の上に起こるのだけれど、起こらしめているはたらきを親鸞は、如来の回向として、無限大悲のはたらきとして、私に起こった事実は、南無阿弥陀仏を信ずるという、何かよくわからないことであるけれども、それを起こさせるための背景が、大悲の因果、大悲が原因と結果をすべて蓄積して、そしてそれを振り向けてくださっているというのではないかと、思うのです。

私たちが、ものを考えるときは、一重構造しか見えないのですけれど、私たちの事実は、実は、二重構造からなっているのだということを理解する眼が開けると、他力回向ということは、一重構造でここのものを向こうが与えるという話ではなくて、いま、ここにあることを成り立たせている見えざる背景、見えざる背景一切というものを、回向という言葉で、親鸞は表されようとしたのではないかと。

だから、その回向を起こしてくる場所が、浄土から来る、如来の一如から来る。一如から来るといっても、一如は、無限そのものは、衆生には、直接にははたらけない。けれども、前の段に、曇鸞の註釈に、「「かくのごとき巧方便回向を成就したまえり」(論)とのたまえり。「かくのごとき」というは、前後の広略、みな実相なるがごときなり。実相を知るをもってのゆえに、すなわち三界の衆生の虚妄《こもう》の相を知るなり。衆生の虚妄を知れば、すなわち真実の慈悲を生ずるなり。真実の法身を知るはすなわち真実の帰依を起こすなり」(聖典二九二頁)とあります。衆生の虚妄の実相を知ると真実の慈悲を生ずる、真実の慈悲を生ずると真実の帰依を生ずる、という、謎のような言葉があります。

つまり、本当に愚かで迷っている衆生をよくよく見ると、それを拝まざるを得ないと。これは菩薩の心なのです。大菩提心自身が、苦悩の衆生をよくよく観察した。観察したら、慈悲が起こってきた。慈悲が起こってきたら、帰依が起こってきた。ということは、大悲なる如来が、哀れなる衆生をみて、上から、お前らをたすけてやるというのではなく、帰依をしてくださると。帰依してくださって、そして巧方便回向を起こしてくるのだと。そういうふうに、曇鸞が展開してくださっていたわけです。

## 人間とは何であるかという問い
### ——自分を成り立たせているものに気づく——

たまたまこの間、長谷正當先生のお話を伺いました。先生は、京都大学の宗教学の教授で、定年後は大谷大学の教授をなさっています。もともと大谷派の僧籍をおもちで、お寺の住職を兼ねながら、学者としてご活躍なのですが、その先生が親鸞仏教センターの研究会に来てくださったので初めてお話を伺ったわけです。

長谷先生はフランスの宗教思想を学問の基盤においておられますが、その先生が面白いことをいわれました。フランスでは二十世紀後半あたりから、いま注目を集めている宗教哲学者レヴィナス（Emmanuel Levinas〈一九〇五—一九九五〉）を中心に、それまでの近代哲学の主流であった、まず自我があって自我の内容を考察していくというものの考え方に批判が向けられているというのです。

つまり有名なデカルトの「我思う、ゆえに我あり」（この「我思う」に当たる言葉は、ラテン語でコギトー〈Cogito〉といい、英語では I think、ドイツ語では Ich denke、フランス語では Je pense といいます）というときの「我」や「自分」（Je とか Ich とか）が考えるという、その「我」や「自分」ということを主体として、その主体を基礎にして思想を構築していくという考え方に、疑問が投げかけられ始めているといわれるのです。

近代的な文明を進歩とか発展といってきたけれども、結局、近代に人間のやったことは戦争につぐ戦争で、そして本当の自分ということが、本当に考えられていたのかという疑問が投げかけられ始めて、前世紀の後半、一九七〇年代、八〇年代の、日本でも起こった全共闘運動、あの時代ぐらいから、人間の主体とは、何であるかということが問われるようになった。そして、ナチスがやってしまったように、近代の自我が、自己主張をしていったからといって、本当の人間になるとはいえないのではないかというような深い懺悔というか、深い人間批判があって、そういうことを契機にして、いったい、人間とは何であるか、自分とは何であるかということが、いろいろなかたちで問題提起され始めているというのです。

フランス語には、再帰動詞というのがあるのですね。何々するというよりも、させられるというようなかたちの表現の言葉、自分が何々するというより、自分が自分を何々するという。そういうような表現の、その自分がという自分でなく、自分をという自分を、動詞の目的語にして成り立つ文章ということがある。そういうことが、フランス語にはあるのです。その再帰動詞の自己にはスワ（soi）、自分の場合はムア（moi）という言葉、ジュ（Je）という自分でなくて、動詞と一緒に組み込まれているような自己。そういうsoiという言葉がある。例えば、私は本多です、というのをJe m'appele Honda.（私は「私」を本多と呼ぶ）と表現する。そういうことを契機にして、その再帰動詞の「自己」という方向で、自分自身を考えていく。自分自身、自分とは何であるかと考える自分は、という自分ではなくて、その目的になっている自分のほうが、本当の自分ではないかと、そういうことを考えていく哲学が出てきたということを、長谷正當先生が、紹介してくださった。

フランスを中心にして、その哲学が、非常に深い影響を、ドイツにも与え、アメリカにも与えている。それはつまり、自分が、という主語の自分は、無内容だと。無内容であって、むしろ自分ということは、どう成り立っているかというと、自分ということを考える自分は、生きている身体が与えられ、環境が与えられ、人間関係が与えられている自分だと。そういう自分、仏教でいう因縁を切り離した自己があるわけではない。因縁のなかにある自分、自分とは何かといっても、抽象的な自我があるわけではないのだと。あるのは、身体があり、生命を生きていて、そして、要するに、清水先生のいう「場」です。「場」が与えられているところに生きているという自分以外に自分がどこかにあるわけではないと。

近代は自分がと考える自分をもって、哲学を始めた、それは非常に傲慢な、本当の命のあり方をどこかで忘れて、抽象化した出発だと。そうではないのではないかというようなことが、この頃の哲学では考えられているということを、長谷正當先生は話してくださいました。そして、曽我量深、さらには、清沢満之、親鸞という方々の考え方のもっている普遍性といいますか、それをフランスなどが今頃になって気が付き始めた、そういう問題が、実は、親鸞がいおうとしていた問題と深く関わっているのだということをおっしゃってくださったのです。

われわれが、現代を生きながら、この問題を考えようとするときに、非常にいいヒントだと思いましたのは、他力というからといって、こっちに我がいて、あっちに何かがあって、そのあっちの何かが、こっちに何かをしてくれるという他力ではない。むしろ、自分ということを思っている自分を成り立たせているあらゆるものを、他力という言葉で、われわれに気づかせる。そうすると、その他力というものは、実は、われわれの、この平面的な自分からは見えない。むしろ、それこそフランス語で、Soi とか Moi といわれる自分自身というのは、自分からは見えない。見えないけれど、そこを成り立たせているもの全体を、そういう言葉で見えないものを表してくる。そういうものが芽を出したものが、信心である。信心は、私に能動的に出ているようだけれども、実は、その見えざる背景が、私に気づかせるということではないかと思います。

## 現在の信心を支える力
### ――場は未来から来る――

そういう構造を、親鸞は、ご苦労をされて、『論註』の曇鸞がいおうとして、言い得ていないところまで踏み込んで、回向のはたらきとして、私たちの上に成り立っている意欲も、信ずる心も、そういう回向というもののはたらきの上に成り立つから、必ず仏に成ることもできるし、必ず浄土に往くこともできるし、もう、変わることのない本質をもっているという意味もあるのだとおっしゃった。

私の心の上に、現象している事実は、凡夫である。煩悩具足の凡夫である。しかし、気づけば、その煩悩具足の凡夫を支えていて、気づかせてくれるような大いなるはたらきというものが、あるではないかと。それを回向というのだと。そういうふうに気づいていかれて、だから、「証巻」に引いている内容は、「真実証」ですから、未来の証《さと》りの内容です。未来の証りの内容が、実は、現在の信心を支える力をもって、私が信ずるというはたらきを起こしてくる力になっている。

この構造は、だから、未来の場所であるもの、場所といってもいわゆる空間ではない、もし空間といってもいわゆる三次元空間ではない。すくわれた状態のあり方を、未来からの呼びかけとして、われわれが感じて、その未来のはたらきが、現在を成り立たせてくる。現在の心を支えてくる。そういう構造、これがちょうど、清水先生がいう、生きるということは、二重構造であって、「場」が未来から関わってくることにおいて、われわれが、生きるということがあるのだという、その自覚です。それは、眼に見えるかたちでは、細胞と身体というかたちで、私たちの細胞は、それぞれ無数の細胞があり、それぞれ生きていて、その無数の細胞は、身体を持って生きているこの自分という命を支えている部分、その部分のそれぞれは、別々に生きているようだけれども、全部が統合されて、全体の部分として生きているという二重構造です。

切り離せない二重構造、腎臓は腎臓、肝臓は肝臓、心臓は心臓、肺は肺とそれぞれの部分なのだけれども、全体で、一人の人間を支えている。部分が生きているということと、全体が生きているということとが重なっている。別のことではない。生きているということは、無数の部分が生きているということである。それが不思議なことに統合されて、一つの命として生きている。ちょうど、それが比喩的になって、われわれが生きているということは、「場」が与えられていることである。「場」は未来から来る。われわれは、勝手に部分を生きているようだけれども、みんな、浄土という場所に統合されていくような命を生きている。こういう信念内容と重なる。

そういうことが、本願力回向というもののはたらきを、「証巻」と「信巻」に、菩提心の問題として引いているということではなかろうかと思うのです。

## 同質の心で浄土を求める
### ——法蔵願心の回向成就——

なぜ、親鸞が、この菩提心ということを論証するために、曇鸞の言葉を引いたのか。そして、その言葉とは、実は、巧方便回向の内容として曇鸞が書いている言葉なのです。つまり法蔵願心が菩提心だということをいっている。それによって成り立つ信心、願往生心、が、三輩章の、それぞれ機類は違っても、上輩、中輩、下輩と、行は違っても、みんな同質の心をもって浄土を要求しているのだという。その背景は、法蔵願心の回向成就なのだという。

そういう言葉を、親鸞は、「信巻」に引用した。この部分は、法然は、三輩に通じていて、「一向専念無量寿仏」ということがいわれているという。その一向専念無量寿仏だから、専念無量寿仏、つまり南無阿弥陀仏一つを称えればいいという証文として、三輩章というものを大切にされるのです。法然では、だから、専修念仏の論証のための文なのです。でも、親鸞は、さらにその専修念仏の根は、法蔵願心の回向にあると、人間が決めるというよりも、法蔵願心の選択のはたらき、回向のはたらきにあるのだと見て、特に、行の問題よりも、信の問題として、取り上げたということです。

親鸞が、回向ということに気づかれて、これをとにかく大切にしたということには、このような面倒な構造があるのです。われわれとしては、非常に考えにくいものですから、回向とは親鸞の晩年の思想ではないかというようなことをいう学者も出てくるのです。

西本願寺所蔵の『論註』を定本にしている『真宗聖教全書』の『浄土論註』の最後に「建長八歳丙辰七月廿五日　愚禿親鸞八十四歳加点おわる」（第一巻三四九頁）と書いてあるのです。これが本当なら、建長八（一二五六）年にお仕事をしているという話になるのです。建長八年といえば、親鸞聖人は八十四歳ですから、そこであらためて、『論註』をもう一回加点し直すというのは、いったいどういうことかと思うのですけれど。ともかく、そう書いてあるのです。この八十四歳の加点が、全部を加点したという意味ではなくて、ずうっと持っておられたものに、あらためて見直して、もう一度加点をふり直されたのか、よくわからないのですけれど、そういうものが西本願寺の蔵には、所蔵されているということなのですね。その加点本、八十四歳で加点されているというようなことから、回向ということを本当に明らかに親鸞聖人ご自身が理解していかれたのは、少なくとも五十歳過ぎではないかとか、そういう理解もあるのです。

でも、私は、そうではないと思うのです。それは、親鸞聖人という方の思想的な資質が、非常に早熟であって、こういう問題、つまり、自分が求道するというけれど、自分を動かしているようなものをいつも感じておられるところが、親鸞聖人にはある。

例えば、若い頃は夢のなかで、聖徳太子に励まされるわけでしょう。「聖徳太子和讃」(聖典五〇八頁)に、

大慈救世聖徳皇　父のごとくにおわします
大悲救世観世音　母のごとくにおわします

と、聖徳太子をうたっていて、そして

聖徳皇のおあわれみに　護持養育たえずして
如来二種の回向に　すすめいれしめおわします

とうたっているわけです。

如来二種の回向に、聖徳太子のお勧めで入ったのだと書いているということは、おそらく夢のなかで、そういう情景をご覧になったであろうし、聖人は、自分が生きているというよりも、自分を生かしめている力が、どこかにあって、いつもそれを聖徳太子が見ておられるというふうに感じておられたのではないか。聖徳太子が見ていて、問題が起これば、聖徳太子が励ましてくださり、守ってくだ

さるということを感じておられて、でもそれは聖徳太子という人間がしているのではない、もっと大きなはたらき、それを本願力というのだと。法然が信ずることができた本願力も、自分を支えている力も、実は、『大無量寿経』が語っている如来の本願力、本願力が支えていたのだ、と思われた。だから、自分を支えているのも、法然を支えているのも同じ力だというふうに信ずることができ、法然の門下になったのだと思うのです。

ただ、その問題に悩んでいたのは、法然に会ってから悩み出したのではなくて、もう、比叡の山からずうっとそういう問いをもっていたのではないかと、私は思うのです。歳取ってからわかるという話は、それは、われわれの考えに合わせるから、そう思うのであって、親鸞のような方は、歳を取らなければわからないというような話を『教行信証』に書いているわけではないと思うのです。

もっと根本的に、初めから親鸞は、何か、深い大きな宿業のもよおしのなかで歩まされていて、苦しみも深かったでしょうけれど、それを動かしているようなものを感じておられて、それを言い当てる言葉が、如来の回向だと気づかれた。だから、それは、そんな歳を取ってからというはずがないと思うのです。例えば、清沢先生でも、二十代でもう、他力の救済構造ということを考え抜いておられるわけです。そういう、特別の才能をもった人が、たまたま出てくることがある。そういう人でなければ、宗祖親鸞のような、このような仕事はできないわけです。ちょっとぐらい頭が良いとか、悪いとかという、そのような次元ではないのです。もう、「質」が違うのです。曽我先生がよく言っておられましたが、清沢先生は「質」が違うと。安田理深先生も、曽我先生について、「もの」が違うと言っておられました。「もの」が違うのに自分の次元に引き下げようとするから、歳の問題にしてしまうのです。

## 無限大悲のなかにある自己の自覚
### ――「場」と切り離された自己はない――

三十過ぎなければわからないとか、四十過ぎなければわからないとよくいわれますが、それは、そういう人も大勢いるけれども、親鸞という方は、そうではない。聖人三十五歳の頃に、法然から親鸞という名前をもらったのは早すぎるといわれるのですけれど、そのようなことはないと思うのです。親鸞の三十五歳というのは、むしろ三十五歳ではなく、もっと前でもいいぐらいで、それが法然門下になって、二十九歳から六年間、法然上人の教えを聞き抜いて、他力回向という、この本願力のはたらきのなかにある自分という、つまり、無限大悲のなかにある自分ということを、徹底的に自覚していかれたということです。

有限の私の外側に他があるのではない。私があるということは、無限のはたらきのなかに自分が支えられてあるのだと、無限のはたらき以外に自分があるのではない。有限から無限はつかまえにいけないけれど、無限は、私を支えている。その構造は、

煩悩にまなこさえられて　摂取の光明みざれども
大悲ものうきことなくて　つねにわが身をてらすなり
（「高僧和讃」聖典四九七―四九八頁）

という構造です。

無限のなかにある自分、無限のなかにある自分を気づかせてくれるはたらきが回向である。回向は、見えない。つまり、無限はこっちからは見えない。見えないけれど、私を支えているのだという構造が、回向である。

こういう構造を論理化しようとしたり、考えようとするとわからない。わからないということは、先ほど言った、自分自身はわからないということです。自分というのは、自分で見える範囲の自分は、本当の自分ではない。本当の自分は、むしろ環境となったり、人間関係となったりしている。だから蓮如が言うように、「俗典に云わく、「人の善悪は、近習《きんじゅう》による」と。また、「その人を知らんとおもわば、その友をみよ」といえり」（『蓮如上人御一代記聞書』聖典八八二頁）、その人を見んと思わば近習を見よと。「近習」というのは、その人に付いているお付きの人たちです。だから、その人間がどういう人間かを見たければ、その近習を見よと蓮如が言っているのです。つまり、お殿様がどのようなお殿様かを見ようと思えば、家来を見ればわかるというわけです。見えるのは、一面ですけれど、でもある程度支えているものを見れば、その人間がどういう人間かというのは、確かに見えるわけです。環境と自分とは別ではないのです。やはり映るわけです。だから「場」と切り離された自己はない。もう、これはいやだといっても、「場」は付いているわけです。

「場」が自分になるのです。「場」に支えられ、「場」との交流のなかに、自分があるわけです。そういう自分は、見えないわけです。私が、私がと思っているけれど、私というものは、何もない。実は、「場」となってある自分だという。その「場」となってある自分ということを、論理的に表そうとすると、他力回向という論理までいくと思うのです。

そもそも自己ということも、所与性として自覚されてくる。この所与には、三世的（時間的）に考えれば、過去の方面からと現在のことと未来からのはたらきとの三面がある。過去からというのは、自己の生命の成り立ちとか生命力ということについてみても、この地球上での生命の誕生以来の歴史が積み重ねてきた数え切れない営みの結果、もう自然に含んでいるといってもよい生命活動の力が与えられている。その歴史は、無数の他の命との連関のなかで、支えられてきている。

そして、現在の自己には、自然環境や人間関係、文化や歴史的な智慧や無限のものの支えが与えられている。網の目に喩えられるような限りない連関のなかにある。つまり清沢満之のいう万物一体である。見えるものも見えないものも含んであらゆるものとの関わりが自己の現在となっている。そして、未来への可能性は、未来からのはたらきとして、向こうから常に働きかけてきている。究極的には、仏から「悉有仏性」と信頼されていて、必ず成仏するという力が未来から来ているといってもいい。そういうように、自己の存在の成り立ちが、無限なる条件の所与においてあるという自覚を開いてくる原理を、親鸞は「本願力回向」の論理で表そうとしたのではないか、と思われるのです。

こういうふうに明らかになれば、現代の人間関係の問題がはっきりしてくる。つまり、近代の自我が、自我と自我がぶつかり合って、切れていってしまって、同感もなくなる、同情も薄くなる、私が、私がというそういう人間関係は、本当の人間関係ではないということは、みんなどこかで感じている。では、何が間違っているのか。自分の自己理解が間違っていたという、根源的な間違いが自覚されてくれば、この近代社会がつくっていく人間の根本問題が、どこかで自覚されてくると思うのです。

## 近代の行き詰まりを打開する方向性の指示
### ――信頼を生み出す根源が回向――

人間の根本問題をお互いに自覚していく考え方、こういう方向性が大事ではないか。そういう意味で、この回向の問題を考えることは、近代の行き詰まりに向かって、それを打開する方向を指示することがありうるのではないかと、そのようなことをこの頃、ふと気がつきました。

親鸞の回向の問題は、つくづく難しい問題であるけれど、大事な問題だと思います。これは、個人的な信念の問題というよりも、人間がここを本当に自覚していくことが大切だと思います。深く人間を貫いている、親鸞と私たちを貫いている、決して上下ではない、先に亡くなっていった方も、これから生まれてくる方も、根源的に一番深いところで繋がっているという信頼を、どういう論理で明らかにできるか、そのことを考えていくことが本当に大切だと考えます。

われわれは、一人ひとりが人間として身体を与えられていますから、身体的存在としては、別個の存在であり、宿業的存在としては、別々の、個別の命である。けれども人間社会のなかに誕生して生きるということは、単なる個別ではない。個別の背景と個別の内容とは、みんな繫がっている。みんな連帯している。

その連帯の構造を自覚的に、どこかでもたないと、結局、人間というのは、寂しく、「独生独死独去独来」、つまり自分一人で生まれてきて、一人で生きて、一人で死んでいくのだということになります。寂しくてつまらない、何のために生きるのかということが、どこにも見えてこない人生になってしまう。

そういうような命の自覚は、本当の自覚ではない。やはり、みんな生まれて、生きて、煩悩を起こして、苦悩して死んでいくわけだけれども、でも、その根源に、命としての深い繫がりがあって、親鸞が、八百四十年前に生まれて、九十年生きて、七百五十年前に亡くなって往かれた、その聖人の苦悩の命の意味が、現代のわれわれにとっても他人事ではないということなのです。

そういう人生の深みを呼びかけてくださるということに感ずると、とても深い背景を教えられるし、知らない人でもまったくの他人とは思えない。そうすると、その教えを一緒に聞いている人も、どこかで深い繫がりを感ずるし、他人とは思えないというような連帯ができる。それが共同体、宗門というものをつくっている根源的な力でしょう。

見たこともない人同士であっても、何かそこに、深いものを感ずる。実は、先日、母の納骨に本山に行ったのですけれど、本山に働いている職員や、同じように肉親の方を納骨しに来ている人たちは、他人ですよね。でも、他人だけれど、単なる他人のなかにいるという感じではなくて、どこか、やはり何とも言えない深い繋がりをどこかで感ずる。これは何だろうか。やはり共に念仏をいただくともがらというか、現象的によく知っているわけでもないし、握手をし合うような仲でもないのだけれども、しかし、どこかに、何ともいえない信頼がある。どこからそれが出るかといえば、本願の教えの伝承のなかに、どこかで深い繋がりがあるという、「御同朋、御同行」というものが感じられるということではないかと思うのです。

そういうことがなければ人間存在というものは本当に自我の妄念で、罪悪深重の命をそのまま、とにかく罪悪を犯して死んでいくしかないと思われます。それをどこか破って、本当に深い信頼を生み出してくる根源が、如来の回向という言葉で、親鸞聖人が見いだされた問題ではないか。こういうことを出していけば、きっと、これからの人たちが、また学び直しをしてくださるに違いないと。これは私たち自身の、やはり教えをいただいていることのありがたい意味ではないかということを思うのです。

そういうことが信じられてくることが、浄土真宗の、南無阿弥陀仏の共同体の大きな意味ではないかということを思うのです。

# あとがき

私が親鸞の思想信念にふれ始めて、もうすぐ五十年になる。七百五十年も前に亡くなった一人の求道者の残された足跡を温《たず》ねるのに、まさか半世紀もかかろうとは思いもしなかった。ところが、温ね始めてみると、第一にどこからどういうふうに温ねていくべきか、ということからまずわからなかった。登山に喩えるなら、アプローチの仕方がわからずに、登山口に辿り着けないということである。

幸いに、折よく宗祖七〇〇回御遠忌にぶつかって、大きなイベントや奉仕活動での人間関係に恵まれて、求めるべき師匠を指示していただくことができた。それが曽我量深・安田理深という近代教学の系譜に繋がる先輩方であった。そもそも、この先輩方の思想の言葉に馴染むのも、容易ではなかった。しかし、いったんふれ始めると、どうも途中で離れがたくなり、その指示を受けて、本峰たる宗祖親鸞に取り組みだしてみると、その思想の骨格の堅牢さと、容易に内包を取り出せない言語群の深度のある重なりに、超難度の壁の前で吐息をもらすような思いであった。

こういう硬質な思想を、現実の困難な生活状態を突破して樹立した、「親鸞」という求道者にぶつかってしまったのだから、一生かかっても、とても登頂は叶うまいと感じながら、それでもよいと思えるようになったのである。先輩方も生涯をかけてこの宗祖にぶつかって、やはり完全登破することなく、安んじて己の分を尽くしていかれたのであるから。

それにしても、親鸞の宗教的信念の大事な内実と、表現の意図とが、ほとんどゆがんでしか伝わっていないということには、憤然とする思いと、それほどに深く堅い信念空間を構築した宗祖に、あらためて脱帽の思いを感ずるのである。

本書は、「はじめに」でもふれたように、聞法してくださっている方の要《もと》めに応じてお話しした講話の記録である。山口孝さんが問題を提起して、小生の話を整理してくださった。それを親鸞仏教センターの長谷岡英信事務長（現大谷大学事務局長）と中津功嘱託に編集していただいた。そのうえで、法藏館に出版の可否をお尋ねしたところ、ご快諾をいただいた。ご多忙なうえに時間が限られているなかで、編集部の岩田直子さんには、細部に亘ってのご注意等をいただき、ありがたく深謝することである。

現今の大変困難な出版事情にもかかわらず、宗祖親鸞の根本問題を論じようとする本書を出版する許可を出してくださった法藏館代表取締役・西村明高さんに、将来を嘱望しつつ感謝の辞を呈することである。

二〇〇八年八月末

本多弘之

本多弘之（ほんだ　ひろゆき）
1938年、中国黒龍江省に生まれる。1961年、東京大学農学部林産学科卒業。1966年、大谷大学大学院修了。大谷大学助教授を経て、2001年、親鸞仏教センター所長に就任。真宗大谷派本龍寺住職。大谷大学大学院講師。朝日カルチャーセンター（新宿区）講師。1983年、大谷大学を辞任の後、『安田理深選集』（全22巻、文栄堂）の編集責任にあたる。
著書に『親鸞教学』『法蔵菩薩の誓願　大無量寿経講義　第１巻』（法藏館）、『親鸞の救済観』（文栄堂）、『他力救済の大道　清沢満之文集』『新講 教行信証』〈総序の巻・教巻・行巻Ⅰ〉、『親鸞の鉱脈』『静かなる宗教的情熱　師の信を憶念して』（以上、草光舎）、『浄土〈濁世を超えて、濁世に立つ〉』（全３巻、樹心社）、『一心の華』（全26冊、長浜「歎異の会」）、『正信偈』（全３冊、三重聖典学習会）など多数。

親鸞思想の原点
―目覚めの原理としての回向―

二〇〇八年一〇月一〇日　初版第一刷発行

著　者　本多弘之
発行者　西村明高
発行所　株式会社　法藏館
京都市下京区正面通烏丸東入
郵便番号　六〇〇－八一五三
電話　〇七五－三四三－〇〇三〇（編集）
　　　〇七五－三四三－五六五六（営業）

印刷　中村印刷　製本　吉田三誠堂


ISBN978－4－8318－7669－0 C3015

親鸞教学　曽我量深から安田理深へ　本多弘之　三八〇〇円

大無寿経講義　全三巻　本多弘之　第一巻　九〇〇〇円　第二・三巻　近刊

親鸞の信仰と思想　小野蓮明　三四〇〇円

親鸞の生涯と教え　鎌田宗雲　二〇〇〇円

親鸞　他力の宗教　ドイツ講話集　薗田坦　一二〇〇円

歎異抄略註　多屋頼俊　石橋義秀　菊池政和監　一七〇〇円

親鸞と大乗仏教　小川一乗　一〇〇〇円

信楽峻麿著作集　全十巻〈刊行中〉　九〇〇〇〜一五〇〇〇円

価格は税別　法藏館